# Oser (enfin !) être soi

## Sommaire

Chapitre 3 – **Cahier de pratique de la confiance en soi**

# Introduction

Et si la confiance en soi n'était rien d'autre qu'une saine rébellion ? Un pavé lancé dans la marre des convenances et des normes ? Attention, ici je ne parle pas de la belle assurance affichée par les « vainqueurs », ceux qui monopolisent les premières places et semblent inaccessibles aux doutes ! Ceux là reflètent trop bien la dictature des apparences, le culte de la performance et le devoir de bonheur imposés par les médias et la société de l'image. Non, je parle, d'une vision libre de soi, décomplexée et légère, enfin débarrassée de tous messages contraignants. Je ne suis ni parfait ni toujours fort, ni vraiment gentil : je suis moi et cela me convient très bien ! Vous en rêvez ? Vous aimeriez dire cela. Mais au contraire, vous ne supportez plus vos limites, de vous sentir frustré et incomplet... et de culpabiliser d'en être là. Rassurez-vous, il en est ainsi pour nous tous et franchement je ne vois pas pourquoi il faudrait se miner indéfiniment avec ce mythe d'un moi épanoui et flamboyant, sans faille ni souffrance. Mais pour autant, faut-il renoncer à se poser des questions et mettre ses aspirations au placard ? Certes pas ! Les choses ne sont pas si simples. Pour découvrir ses véritables potentiels et se libérer du poids des normes, mieux vaut passer quelques étapes : vaincre sa timidité, faire le tri entre idéal du moi et moi réel, trouver sa place dans sa famille, sortir du cercle vicieux des comparaisons, accepter de vieillir… et apprendre à surmonter ses échecs ! Bref, défricher cette jungle épaisse qui dissimule nos vrais besoins, nos émotions profondes et un peu de nos rêves d'enfant. Le jeu en vaut la chandelle : au bout du chemin, nous attendent de véritables surprises, quelqu'un que nous connaissions bien mal (notre petite personne !). Et un sentiment tout neuf et infiniment précieux : la quiétude !

Ce guide va vous accompagner comme un carnet de bord dans votre voyage vers une vision plus autonome de vous-même. Il vous donnera quelques clés pour mieux comprendre sur quoi repose la confiance en soi et comment il est possible de la protéger et de la renforcer. Vous apprendrez, peu à peu, à revendiquer vos différences et à vous affirmer face aux autres. À votre rythme, sans objectif inatteignable… en toute sérénité. Bonne route !

# Chapitre 1

# Comprendre l'origine du manque de confiance en soi

Décidément la confiance en soi est à la mode ! Les ouvrages sur le sujet abondent dans les rayons psychologie et développement personnel des librairies. Serait-ce parce que nous sommes de plus en plus timides, ou parce que nous ne supportons plus nos doutes ? Ni l'un ni l'autre. En fait, nous aspirons tous au bonheur et à l'accomplissement de soi et nous pressentons que la confiance en soi en est l'une des clés. La psychologie positive et les cognitivistes ont ouvert des portes, pleines de promesses : Ils affirment qu'il est possible de devenir plus heureux en s'entraînant à l'être, de développer sa confiance en soi par de simples exercices pratiques, d'améliorer sa séduction en sachant mieux communiquer. Attention, ces psychologues ne vendent pas une recette unique (et imparable) pour se sentir bien et conduire sa vie, ils nous renvoient tout simplement à l'essentiel : notre capacité à agir sur le présent et sur nous-même, ici et maintenant ! Et cela tombe vraiment bien, car les difficultés ne manquent pas qui mettent à mal notre propre image, nous font douter de la possibilité d'être heureux, de vivre en harmonie avec les autres... et de surmonter les échecs !

## L'INSÉCURITÉ INTÉRIEURE

Mais en fait, qu'est-ce que la confiance en soi ? La définition du dictionnaire indique « sentiment de sécurité d'une personne qui se fie à quelqu'un ou à quelque chose ». La confiance en soi est en fait toujours une prédiction : celle que l'on va réussir ou non ce que l'on entreprend. Bien entendu, le niveau de confiance en soi fluctue en fonction de nos réussites ou de nos échecs ! Il a tendance à baisser dès que nous rencontrons des difficultés et à remonter lors des périodes fastes. Quoi de plus normal ? Le problème se complique lorsque, peu importe les circonstances, nous nous répétons à l'envie : « Je ne vais pas y arriver ! » Le manque de confiance en soi se manifeste alors par des sentiments persistants de honte (on n'est jamais à la hauteur, on a l'impression que les autres nous trouvent nul), de découragement (tout ce que l'on entreprend ne peut être que voué à l'échec), et enfin d'infériorité (on se compare sans arrêt aux autres et toujours en sa défaveur). À l'origine de ces doutes, il y a le plus souvent des maladresses éducatives : des parents, trop exigeants ou trop protecteurs, qui ne nous ont pas permis de grandir en nous confrontant (sereinement) aux regards des autres. En raison de cette pression sociale mal intégrée, la peur de décevoir ou la difficulté à être autonome nous poursuivent à l'âge adulte et minent nos relations avec les autres.

### Un mauvais apprentissage

Car la confiance en soi s'apprend (et peut se réapprendre). L'éducation que nous avons reçue (chez nous et dans le milieu scolaire) est en cela déterminante : si on nous a présenté l'échec comme une conséquence possible de nos actions mais non une catastrophe, on sera prêt à « essayer » et donc, peut-être, à réussir. Dès le plus jeune âge, nous aurons compris que ce sont les efforts accomplis qui comptent, peu importe le résultat. Mais parfois, des parents trop protecteurs freinent le développement de leur enfant en voulant le protéger de l'échec ou de la douleur. Les « je vais t'aider pour ne pas que tu te blesses » et « je vais le faire à ta place », pleins de bonnes intentions, coupent de la confrontation avec le réel. L'enfant traduit ces attitudes par un « tu es un être fragile qui ne peut se débrouiller seul » et « il est très grave d'échouer, de se faire mal ou d'avoir de la difficulté à parvenir à son but ». Plus tard, privé de la protection parentale, il se sent démuni et incapable de faire face aux aléas de la vie. Adulte, il vivra avec l'idée fausse que les efforts ne sont pas nécessaires à la réussite, inapte à faire la différence entre ses forces et ses faiblesses, ou entre les situations qui évoluent favorablement et celles qui se développent mal.

À l'inverse, d'autres parents, en ne semblant jamais satisfaits et en mettant la barre trop haut, peuvent casser la confiance naissante de leur enfant. Incapable de répondre à leurs attentes (être le premier à l'école, réussir tout du premier coup, etc.), celui-ci se sentira dévalorisé, bon à rien. Il aura compris implicitement que c'est leur propre valeur que ses parents cherchent à établir, que son échec serait pour eux une blessure intolérable. Il doit y arriver à tout prix pour ne pas « détruire leur rêve » et perdre leur amour. Plus tard, il vivra tous ses échecs comme de potentiels rejets sociaux.

## Une peur panique du risque

Tout se joue donc sur la représentation de l'échec. Selon qu'il était interdit ou envisageable dans l'éducation que nous avons reçue, nous n'aborderons pas la vie avec la même confiance. Un échec dédramatisé nous permet de surmonter la peur du risque. Nous ne sommes pas paralysé par l'angoisse de commettre des erreurs et cela nous aide à apprendre... et à progresser ! La confiance en soi est en quelque sorte empirique : elle se renforce à chaque fois que nous réussissons dans ce que nous entreprenons. Et elle est toujours le résultat d'une accumulation d'expériences dont on a su tirer un enseignement.

*Tentatives = réussites ou échecs = apprentissage = progression*

Face à des situations nouvelles ou imprévues, la personne qui a confiance en soi se sent moins démunie. Elle parie sur sa capacité à faire face et à rebondir en cas d'échec. Ce que le psychologue Jean Maubourquette résume ainsi : « Je me sens capable ; je n'ai pas besoin de me comparer aux autres ; je compare plutôt mes réalisations à celles du passé ; j'accepte mon niveau actuel de compétence, tout en cherchant à m'améliorer ; j'ose relever de nouveaux défis ; je suis sûr de pouvoir conduire mes projets à terme... » Une sérénité que peu d'entre nous partagent, hélas !

## Les cinq piliers de la confiance en soi

Mais attention, la confiance en soi ne repose pas sur une opinion dithyrambique de ses compétences ! Il s'agit plutôt d'une certitude partielle qui s'applique à un domaine particulier et à un moment donné. On peut avoir beaucoup d'assurance dans le domaine professionnel et manquer totalement de confiance en matière sentimentale. Les personnes plutôt confiantes ne jouissent pas d'un pouvoir magique et ne réussissent pas tout ce qu'elles entreprennent ! Elles ne font qu'anticiper la façon dont les choses vont se passer, sans s'avancer sur un résultat ou une performance. Elles s'appuient pour cela sur quelques éléments clés qui les aident à orienter leur choix : un optimisme raisonnable, l'expérience de situations similaires, la capacité à réunir les ressources nécessaires, leur connaissance du domaine concerné et la conscience que rien n'est définitif. En somme, elles font preuve de pragmatisme. La confiance en soi est réaliste et ancrée dans l'expérience. Si plusieurs fois, dans un contexte similaire, j'ai plutôt bien « assuré » : je serai confiant. Mais si je suis de ceux qui manquent toujours de confiance en soi, j'aurai une mémoire sélective : je ne me souviendrai que de mes échecs ! Mon expérience ne m'aidera pas.

## Des hauts et des bas

La confiance en soi n'est jamais acquise définitivement. Elle est temporaire par définition. Si je ne pratique plus le tennis pendant plusieurs années, la confiance dans mes qualités de joueur diminuera. Ce sera également le cas si je traverse une période difficile. Les échecs à répétition, un divorce et même un deuil influencent négativement notre estime de soi. On se sent pitoyable, malheureux, incapable… Or estime de soi et confiance en soi entretiennent des liens étroits : lorsque notre estime de soi baisse (c'est-à-dire la valeur globale que l'on s'attribue), notre confiance est en chute libre, y compris dans les domaines que l'on maîtrise. Pour conserver une bonne confiance en soi, nous avons besoin de recevoir des confirmations fréquentes de notre valeur et de l'affection de nos proches, mais aussi du corps social dans lequel nous évoluons.

Et cela n'est possible que si nous sommes conscient de la nécessité d'entretenir cette confiance par nos propres efforts. La confiance en soi n'est ni un capital ni un don du ciel censé nous apporter joie et prospérité. C'est une batterie de comportements qui nous aident à affronter les difficultés de la vie sans nous miner nous-même. Elle revêt différentes formes, selon que nous abordions des gens ou des situations nouvelles, que nous fassions face à l'échec ou que nous devions prendre notre place parmi les autres ou tout simplement dire non. La confiance ne se décrète pas, ne s'installe pas définitivement. Elle s'acquiert, fluctue, s'entretient tout au long de la vie, selon les événements et la façon dont nous les abordons. En conclusion, pour préserver notre confiance en soi (et par conséquent notre estime de soi), il faut accepter les petits et grands aléas de l'existence et se faire du bien… en compensant nos échecs par de menus plaisirs.

## Assurance, affirmation de soi et détermination

**L'assurance**, c'est cette belle sécurité intérieure qui fait tant rêver les timides. Elle permet d'entrer dans une pièce pleine d'inconnus sans trembler, de prendre la parole sans rougir, d'essayer quelque chose de nouveau sans crainte excessive. Elle ne garantit pas la réussite, mais apporte le calme nécessaire à une bonne mobilisation de ses moyens et à une évaluation sereine de la situation. Comment font ceux qui ont de l'assurance ? Ils se connaissent assez bien, ont conscience de leurs limites, ce qui ne les empêche pas de vouloir progresser. Personne n'est parfait ! À chaque fois qu'ils font quelque chose, ils essaient de faire au mieux, sans être obsédés ni par le résultat ni par l'approbation des autres. L'assurance est un état d'équilibre dans lequel l'individu donne le même poids à ses propres besoins qu'à ceux des autres. Il se respecte, comme il respecte autrui. Il s'accepte tel qu'il est.

**L'affirmation de soi**, c'est savoir exprimer son opinion, ses sentiments et ses besoins. Elle est indispensable pour prendre sa place au sein du groupe (la société, la famille, l'entreprise), car elle permet de communiquer à notre environnement ce que nous ressentons, ce que nous voulons sans nous sentir coupable ni agresser les autres. Lorsque nous ne formulons pas clairement ce que nous ressentons, ce que nous pensons, nous éprouvons un malaise intérieur qui génère des sentiments négatifs de culpabilité, de frustration, de colère ou d'inquiétude. Nous perdons le contrôle sur notre vie. L'affirmation de soi repose sur la conscience que nous avons une valeur et des droits. Il est légitime de les défendre, tout en respectant ceux des autres.

**La détermination** est le dernier aspect d'une confiance en soi solide. « Il n'y a de vent favorable que pour celui qui sait où il va. » Sénèque nous rappelle que l'assurance et l'affirmation de soi n'ont de sens réel que si nous les mettons au service d'un véritable dessein : la réalisation de buts ou d'objectifs personnels. La confiance en soi est un ressort précieux qui alimente la volonté et le courage de dépasser nos croyances « limitantes », de faire face aux aléas de la vie. Elle nous aide à abandonner nos mauvaises habitudes : la procrastination, la médisance, la lâcheté, les comparaisons malsaines, la victimisation. En développant notre confiance en soi, nous prenons soin de nous, nous augmentons notre estime de nous-même. Pour mieux vivre, tout simplement !

## TEST 1 : Avez-vous confiance en vous ?

La confiance en soi n'est jamais absolue. Mais certains d'entre nous disposent d'un capital d'assurance, d'affirmation de soi et de détermination (les trois composantes d'un bon niveau global de confiance en soi) plus important. À vous d'évaluer le vôtre.

**1) Lorsqu'on vous attribue un nouveau dossier au bureau**

1. Vous êtes très inquiet et perdez facilement vos moyens.
2. Vous avez un peu d'appréhension, mais en général les choses s'arrangent.
3. Vous adorez vous lancer de nouveaux défis !

**2) On vous présente votre nouveau responsable de service**

1. Vous êtes très mal à l'aise et évitez son regard.
2. Vous avez un peu le trac, mais ça ne se passe pas trop mal.
3. Encore un qui ne va pas rester longtemps en poste !

**3) Cette fois, vous êtes décidé à demander une augmentation**

1. Vous préparez dix fois votre demande, mais les jambes vous manquent.
2. Vous hésitez un peu avant d'y aller et vous vous lancez.
3. Vous préparez votre argumentaire et attendez le bon moment.

**4) Vous participez à une conversation avec des collègues et vous n'êtes pas du même avis que les autres**

1. Vous attendez que tout le monde ait fini de parler pour avoir plus de chance d'être entendu.
2. Vous prenez la parole avec facilité, mais sans interrompre personne.
3. Vous interrompez celui qui parle.

**5) Vous êtes très attiré par une personne dans une soirée**

1. Vous n'osez pas l'aborder, vous rougissez et attendez qu'elle le fasse.
2. Vous l'approchez de façon détournée, le cœur battant.
3. Vous usez de tous vos charmes et jouez le grand jeu.

**6) Vous avez une réclamation à faire auprès d'un service administratif**

1. Vous préférez faire votre demande par écrit. Vous n'aimez pas trop les contacts directs.
2. Vous prenez rendez-vous avec la personne chargée des contentieux en vous informant des documents à présenter avant de vous déplacer.
3. Vous décrochez votre téléphone et essayez de débrouiller la situation au débotté.

**7) Vous allez à la piscine pendant l'heure du déjeuner**

1. Vous vous sentez très mal à l'aise en maillot de bain devant les autres et entrez très vite dans l'eau.
2. Vous vous concentrez sur vos longueurs, en essayant d'améliorer votre endurance.
3. Cette fois-ci, vous allez en mettre plein la vue aux petits malins qui monopolisent le couloir de nage !

**8) Un ami vous demande un service pour lequel vous n'êtes pas vraiment disponible**

1. Vous acceptez coûte que coûte, par peur de le décevoir.
2. Vous essayez de trouver une autre date avec lui.
3. Désolé vieux, mais je ne suis pas disponible !

**9) Votre dernier projet n'a pas rencontré le succès escompté**

1. Vous êtes effondré. C'est certain, vous n'y arriverez jamais !

2. Vous accusez le coup et repartez de l'avant après un temps de réflexion.
3. Vous n'y êtes pour rien, l'échec était imprévisible.

## Résultats

Comptabilisez les points obtenus pour vos différentes réponses et reportez-vous aux résultats suivants.

***Vous avez plus de 25 points : Vous avez très (trop ?) confiance en vous.***

Attention, cette assurance est peut-être un peu trop belle pour être vraie. Les psychologues estiment que l'affirmation de soi doit respecter une limite pour demeurer saine : celle du respect de l'autre. Interrogez-vous. Vous confondez possiblement soumission à votre point de vue avec affirmation de soi. La plupart du temps, vous pensez être dans le vrai. Si les autres ne sont pas d'accord, ils ont tort. La véritable confiance en soi (et l'affirmation de soi qui en découle) implique que l'on accepte d'être en désaccord, tout en défendant ses intérêts : sans agresser ni faire culpabiliser l'autre !

***Vous avez entre 15 et 25 points : Vous avez plutôt confiance en vous.***

Vous êtes raisonnablement optimiste dans ce que vous entreprenez. Il est probable que vous ayez plus confiance en vous dans certains domaines que dans d'autres. Pourquoi ne pas travailler sur ceux qui vous posent problème ? Une partie des doutes que l'on entretient proviennent de pensées limitantes. Peut-être pourriez-vous faire ou espérer bien plus que ce que vous ne croyez ?

***Vous avez moins de 15 points : Vous n'avez pas confiance en vous.***

Vous doutez en permanence de vos choix, vous êtes obsédé par l'opinion des autres. Vous hésitez anxieusement sur l'attitude à prendre et renoncez le plus souvent à agir. Vous détestez la nouveauté et votre timidité vous paralyse... Il est temps d'agir et de reprendre le contrôle de votre vie. La confiance en soi s'acquiert à n'importe quel âge. Il n'est pas trop tard pour sortir de la spirale des pensées négatives et de l'autodévalorisation. Ce guide va vous y aider.

## MOI IDÉAL ET ESTIME DE SOI

L'estime de soi est une dimension fondamentale de notre personnalité : c'est la valeur que l'on s'attribue en tant qu'être humain et selon notre propre histoire... qui est plus ou moins bonne. Or notre équilibre psychologique dépend de ce regard positif que nous avons sur nous-même. S'il est positif, il nous apporte le sentiment de sécurité interne nécessaire pour faire face aux difficultés de la vie. À l'inverse, si notre jugement est négatif, cela entraîne des souffrances désastreuses pour notre épanouissement personnel et pour l'efficacité de nos actions. L'estime de soi se forge très tôt dans la vie à partir de ce que l'on s'imagine du jugement des autres sur soi. Selon que l'on s'est senti apprécié, aimé ou rejeté, on développera une vision agréable ou déplorable de soi-même et de ses capacités. L'estime de soi se construit progressivement durant l'enfance, mais son développement est un processus dynamique et continu tout au long de la vie. Rien n'est joué, même à l'âge adulte ! Les psychologues font reposer l'estime de soi sur trois composantes essentielles : l'amour de soi, la vision de soi et la confiance en soi.

C'est l'équilibre entre ces trois éléments qui détermine le regard-jugement que nous portons sur nous-même.

## Tout commence avant la naissance

L'histoire de l'estime de soi commence bien avant la naissance. Pendant la grossesse, l'enfant prend corps dans l'imaginaire de ses parents où il est fantasmé. Les parents attribuent à leur futur enfant un certain nombre de qualités et lui accordent une place dans les projets familiaux. À la naissance, ils s'attendent à ce que leur nouveau-né corresponde à celui qu'ils ont imaginé. Mais l'enfant réel n'est jamais conforme à l'enfant idéal. Le bébé ne répond pas toujours aux attentes de ses parents. La réaction des parents est alors déterminante pour la constitution de l'estime de soi. L'enfant se construit dans le regard de ses parents. Ceux-ci lui renvoient une image qu'il va progressivement intérioriser, constituant ainsi une représentation plus ou moins favorable de lui-même. Il prend peu à peu conscience de sa propre valeur. Si ses parents sont disponibles, aimants et encouragent ses efforts, il se verra comme quelqu'un d'aimable et compétent. En revanche, s'il manque de signes positifs, il cherchera anxieusement des marques d'approbations externes et développera un comportement dépendant.

## Le poids du jugement des autres

Lors de la petite enfance, avec une accélération vers 3 ou 4 ans, l'enfant se confronte à un monde social de plus en plus élargi (garderie, jardin d'enfants, école). D'autres adultes prennent alors le relais des parents, influençant à leur tour le développement de l'estime de soi. C'est à partir de ce moment-là que l'enfant commence à se préoccuper de son acceptation sociale. De nombreuses recherches ont montré que les enfants identifient très rapidement les opinions des personnes à qui ils veulent plaire et tentent d'adapter leur comportement en conséquence. Les enseignants et plus généralement le monde scolaire jouent un rôle crucial dans la vision que les enfants développent d'eux-mêmes. Cependant, le jugement parental reste longtemps prédominant, en particulier en matière d'ambition personnelle et de comportement social. Il ne diminue vraiment qu'au moment où le jeune quitte le foyer familial pour vivre indépendamment. L'avis des pairs (camarades de classes, proches, etc.) est surtout déterminant en ce qui concerne l'apparence physique, les compétences athlétiques et la popularité.

## Un lent apprentissage

Pour évaluer de ce qu'il vaut, l'enfant apprend progressivement à s'appuyer sur les résultats de ses propres actions, qu'ils soient vécus comme des succès ou des échecs. C'est le processus de construction de la confiance en soi. Mais pour cela, il faut que l'enfant soit assez autonome pour comprendre le lien entre ses propres actions et les résultats obtenus. Cette capacité d'auto-évaluation, issue de la métacognition[1], permet petit à petit à l'enfant d'intérioriser son propre système d'analyse et de juger de ses réussites, comme de ses échecs. Ce processus d'intériorisation s'accompagne de l'intégration d'un système de normes ou de buts à atteindre. Au fur et à mesure que l'enfant s'approprie ces normes, il s'affranchit du poids du système externe d'évaluation (l'avis parental, adultes référents ou pairs). Les jugements positifs sont toujours nécessaires à son estime de soi, mais ils ne jouent plus un rôle structurant. À partir de 8-9 ans, les enfants se font leur

1. En psychologie, la métacognition est la « cognition sur la cognition », c'est-à-dire ce que nous « pensons de nos pensées ». Elle rassemble les connaissances que nous avons sur notre façon d'apprendre, de mémoriser, de résoudre les problèmes.

propre opinion de leur valeur tout en étant capables d'estimer leurs compétences dans différents domaines : je suis bon dans ceci, nul dans cela, etc.

## Compétences et vision de soi

Chaque enfant a son propre système de valeur, influencé par celui de son entourage. Son évaluation est donc fondée sur des qualités et des défauts qu'il croit posséder ou avoir découverts dans le regard des autres sur lui : il jauge ce que les autres pensent, se compare à son entourage (parents, frères, sœurs, camarades) et rend son verdict. Bien entendu, cette vision est largement dépendante de l'idéal qu'il s'est créé dans la petite enfance et auquel il se réfère toujours. Mais attention, la vision de soi n'est pas le résultat d'une connaissance de soi. C'est une croyance qui n'a pas de rapport direct avec la réalité. Elle se base sur la conviction d'être porteur de qualités ou de tares irrémédiables (les complexes), souvent fantasmées. Tout notre comportement face à la vie en découle directement : on sera entreprenant ou plutôt suiveur selon l'estimation que l'on aura de sa propre valeur, mais aussi selon les projets que nos parents auront faits pour nous. S'ils ont manifesté une « ambition » importante, on se sentira « destiné » à réaliser de « grandes choses ». Mais si la pression parentale est trop lourde, si elle cache une « revanche » du parent sur sa propre vie. L'effet n'est plus celui d'un Pygmalion, mais une forme d'oppression : l'enfant se sent incapable de satisfaire les attentes de ses parents, écrasé par le poids de sa mission, il se dévalue ou sombre dans l'angoisse de l'échec.

## L'inflation du concept d'estime de soi

La société de l'excellence dans laquelle nous vivons a également un poids important sur notre niveau d'estime de soi. Pour le sociologue Alain Erhenberg, nous serions passés en un demi-siècle d'une culture du renoncement à une culture du choix total, d'une société qui marche à la discipline à une société qui fonctionne à l'autonomie. La valeur personnelle est devenue essentielle. Il n'est plus respectable d'accepter la frustration ou de se résigner. Le mythe de la toute-puissance et du dépassement de soi a changé la donne. Depuis les années 1970, les psychanalystes reçoivent dans leur cabinet un nouveau type de patients dont les symptômes relèvent moins d'une névrose que d'une pathologie narcissique. Ils sont envahis par un sentiment d'insuffisance et, souvent, de honte de ne pas être tels qu'ils le souhaiteraient. Car l'obligation de réussir concerne tous les domaines de l'existence : la vie sentimentale, les capacités intellectuelles, les performances sportives, les habiletés sociales et même la fertilité sont affaire de volonté. Une femme peut-elle annoncer sereinement qu'elle est stérile sans avoir eu recours auparavant à toutes les méthodes d'aide à la procréation ? Un célibataire peut-il avouer qu'il n'arrive pas à rencontrer l'âme sœur alors que les sites de rencontres fleurissent sur le Net ? L'autonomie moderne et la liberté conquise sur l'arbitraire du destin sont devenues un subtil instrument de torture. L'articulation entre individualisme et norme se fait par la notion de culpabilité. On ne peut plus dire « stop », c'est ainsi, c'est la vie. Contraint de faire fructifier au mieux son capital vie, l'homme d'aujourd'hui redoute à chaque instant de se voir accuser de mauvaise gestion, d'être responsable de ses malheurs. C'est la fatigue d'être soi décrite par le sociologue.

## Le refus de la médiocrité

Au fond, tout se passe comme si la pire des choses était d'admettre ses limites. L'homme moderne s'impose le devoir de s'épanouir, d'atteindre son idéal, quoi qu'il lui en coûte. Pour être un adulte respectable, il ne suffit plus de respecter des interdits, il faut lutter contre ses insuffisances. Y renoncer serait comme abdiquer devant la première de ses responsabilités : prendre sa place dans le monde. Les idéaux et les souhaits sont devenus des impératifs aussi stricts que les normes d'autrefois. Lorsque nous échouons, nous sommes hanté par la peur de l'exclusion. Nous craignons de perdre l'attention et l'amour des autres autant que notre propre estime. Comment accepter de n'être que soi-même quand toute la société concourt à nous faire croire qu'il est possible (voire indispensable) de faire mieux ? Pour de nombreux sociologues, la quête de notre identité individuelle serait devenue en trois décennies une aventure « entrepreneuriale », soumise à des règles similaires à celles de la compétition sportive ou de la concurrence économique. Il faut réussir ou... disparaître ! Il n'y a pas de place pour les perdants. Pour paraphraser Jean-Claude Kaufmann, « chaque individu doit respecter un code de bonne conduite qui ne figure dans aucun manuel, mais qu'on peut lire dans un système de regards qui évaluent et qui jugent ». Notre identité est devenue à la fois le support de notre expression narcissique et la clé de notre intégration sociale.

### Du moi idéal à l'acceptation de soi

Pas facile d'être seulement soi, surtout s'il faut en plus surmonter de vraies difficultés ! Être adulte et sans emploi, avoir 40 ans et vivre toujours seul, ou être une femme sans enfant ? Dans une troupe de babouins, il y a des individus alpha et bêta, des individus dominants et dominés. Fort heureusement, dans la société humaine, la réalité est plus complexe. On peut être assez bas dans la hiérarchie de son entreprise et capitaine de son équipe de football ; sans compagnon, mais entouré d'amis. L'important est de trouver terrain d'expression où pourra s'inverser les hiérarchies subies. Mais pour ce faire, il faut commencer par admettre ses limites, les faits que l'on ne peut changer et sortir de la spirale infernale du stress et de la dévalorisation de soi, un peu à la manière de Reinhold Niebuhr, un théologien protestant américain : « Mon Dieu, donnez-moi la sérénité d'accepter ce que je ne peux changer, le courage de changer les choses que je peux changer, et la sagesse d'en connaître la différence. » Non, la vie n'est pas un long fleuve tranquille ! Oui, il y a des échecs, des moments où l'on se trompe, où l'on aurait pu faire mieux. Qu'importe ! Les guides de développement personnel comme celui-ci ne doivent pas devenir un nouveau moyen de se torturer, mais de simples outils pour se sentir mieux (si on le veut), sans la contrainte de normes extérieures. Sans se juger. Librement !

## LE MATCH HAUTE OU BASSE ESTIME DE SOI

| | Connaissance de soi | Capacité à prendre des décisions | Attitude face aux difficultés | Réaction face aux critiques | Motivations |
|---|---|---|---|---|---|
| Haute estime de soi | Claire et stable | Bonne, n'ont pas peur de l'innovation | Résistance à l'adversité | Bonne, ne se sentent pas rejetés | Envie de réussir |
| Basse estime de soi | Floue et variable selon les interlocuteurs | Laborieuse, se montrent prudents | Souffrance et anxiété | Crainte de l'évaluation d'autrui | Peur d'échouer |

**Amour de soi :** bienveillance et compassion que l'on a pour soi-même. Dépend largement de l'affection qui nous a été témoignée enfant.

**La conscience de soi :** décrit les processus psychologiques permettant à un ensemble de phénomènes – sensations, désirs, craintes, etc. – de s'organiser en un ensemble nommé le Moi.

**L'image de soi :** c'est l'ensemble des idées qu'un individu a sur lui-même, y compris son rôle (métier, classe sociale, etc.), ses traits de caractère et son corps. Ces images propres sont alors composées des caractéristiques que le sujet s'attribue de façon plus ou moins consciente et qu'il intègre progressivement comme partie constituante de son Moi.

**La représentation ou vision de soi :** intègre l'ensemble des rôles qu'on donne, souhaite ou croit donner à autrui… et à soi-même.

**L'identité personnelle :** c'est un système de représentations et de sentiments de soi. Elle renvoie au sentiment d'individualité, de singularité du sujet et de continuité de soi. Ce système n'est ni donné ni statique, car l'identité évolue et se transforme durant toute la vie.

**Narcissisme :** amour de sa propre image. Immodéré dans la petite enfance, le narcissisme est nécessaire à la constitution de sa personnalité, mais il peut dégénérer en pathologie s'il occulte totalement l'autre.

**Amour-propre :** sentiment lié à sa dignité. Mécanisme de défense contre les agressions « supposées » à l'estime de soi.

**Acceptation de soi :** capacité à accepter ses qualités et ses défauts et à les intégrer dans une image de soi valorisante.

**Avoir confiance en soi :** être confiant dans ses capacités à agir ou réagir efficacement dans la vie courante ou dans un domaine précis.

**Être sûr de soi :** être certain de cumuler les succès, de faire valoir ses droits quelles que soient les circonstances.

**Être fier de soi :** tirer profit de ses succès pour rehausser son image de soi et renforcer sa confiance en soi.

**Estime de soi :** évaluation haute ou basse de sa valeur et de sa personne à partir de laquelle on adopte un comportement social.

**Connaissance de soi (ou perception de soi) :** capacité à se décrire et à s'estimer sans critiques ou surévaluations excessives. Le terme de perception de soi met l'accent sur les mécanismes en jeu lorsqu'on perçoit un objet : perception visuelle, tactile, kinesthésique, etc.

**Assurance :** souvent employé comme un synonyme de la confiance en soi, l'assurance permet à l'individu de faire une prédiction positive sur sa capacité à faire face (aux événements, à la relation). Elle donne de l'aplomb et se manifeste par une attitude corporelle : on se tient droit, on regarde les autres dans les yeux.

**Affirmation de soi :** capacité d'assertion ou d'expression franche de ses propres émotions, besoins ou opinions. L'affirmation de soi peut être définie comme l'expression de ses ressentis en vue d'une action. L'affirmation positive n'implique ni agressivité ni culpabilisation de l'autre.

**Détermination :** résolution qu'on prend après avoir balancé entre plusieurs partis. La conduite choisie (qui s'appuie sur une solide confiance dans ses capacités) est celle de la persévération vers un objectif défini, quels que soient les résultats ou les événements à court terme.

**Frustration :** désigne un état mental caractérisé par un déséquilibre entre un désir ou une attente et sa réalisation. Souvent le fait d'un déficit de la capacité à s'affirmer.

**Complexe :** ensemble de conduites stéréotypées ayant pour origine un conditionnement (en partie inconscient), un traumatisme psychologique ou un climat psychologique perturbateur. Le complexe est une croyance qui conditionne la personnalité, le comportement de quelqu'un. Les complexes interviennent comme des croyances négatives qui minent la confiance en soi.

## TEST 2 : Évaluer votre niveau d'estime de soi

Ce questionnaire va vous aider à mieux cerner la perception que vous avez de vous-même, il n'y a ni bonnes ni mauvaises réponses. Répondez à chaque question avec le plus d'attention et de précision possible, en choisissant le qualificatif qui vous paraît le plus juste.

**1. J'ai l'impression que les gens ne m'aimeraient pas s'ils me connaissaient vraiment**

1. La plupart du temps ou toujours
2. Assez souvent
3. Quelquefois
4. Peu souvent
5. Rarement ou jamais

**2. J'ai l'impression que les autres s'organisent beaucoup mieux que moi**

1. La plupart du temps ou toujours
2. Assez souvent
3. Quelquefois
4. Peu souvent
5. Rarement ou jamais

**3. J'ai l'impression d'avoir une personnalité attachante**

1. Rarement ou jamais
2. Peu souvent
3. Quelquefois
4. Assez souvent
5. La plupart du temps ou toujours

**4. Quand je suis avec d'autres personnes, j'ai l'impression qu'ils se sentent bien avec moi**

1. Rarement ou jamais
2. Peu souvent
3. Quelquefois
4. Assez souvent
5. La plupart du temps ou toujours

**5. Je pense que les gens ont du plaisir à discuter avec moi**

1. Rarement ou jamais
2. Peu souvent
3. Quelquefois

4. Assez souvent
5. La plupart du temps ou toujours

**6. Je me considère comme une personne compétente**

1. Rarement ou jamais
2. Peu souvent
3. Quelquefois
4. Assez souvent
5. La plupart du temps ou toujours

**7. Je fais bonne impression sur les autres**

1. Rarement ou jamais
2. Peu souvent
3. Quelquefois
4. Assez souvent
5. La plupart du temps ou toujours

**8. Je manque de confiance en moi**

1. La plupart du temps ou toujours
2. Assez souvent
3. Quelquefois
4. Peu souvent
5. Rarement ou jamais

**9. Je suis très anxieux quand je rencontre des personnes nouvelles**

1. La plupart du temps ou toujours
2. Assez souvent
3. Quelquefois
4. Peu souvent
5. Rarement ou jamais

**10. Je ne sais pas quoi dire aux autres**

1. La plupart du temps ou toujours
2. Assez souvent

3. Quelquefois
4. Peu souvent
5. Rarement ou jamais

**11. Sur les photos, je me trouve plutôt moche**

1. La plupart du temps ou toujours
2. Assez souvent
3. Quelquefois
4. Peu souvent
5. Rarement ou jamais

**12. Je pense que la plupart des gens sont plus heureux que moi**

1. La plupart du temps ou toujours
2. Assez souvent
3. Quelquefois
4. Peu souvent
5. Rarement ou jamais

**13. J'ai l'impression d'ennuyer les gens**

1. La plupart du temps ou toujours
2. Assez souvent
3. Quelquefois
4. Peu souvent
5. Rarement ou jamais

**14. Je pense que mes ami(e)s me trouvent intéressant**

1. Rarement ou jamais
2. Peu souvent
3. Quelquefois
4. Assez souvent
5. La plupart du temps ou toujours

**15. Je pense avoir un bon sens de l'humour**

1. Rarement ou jamais

2. Peu souvent
3. Quelquefois
4. Assez souvent
5. La plupart du temps ou toujours

**16. Je me sens très mal à l'aise en présence d'inconnus**
1. La plupart du temps ou toujours
2. Assez souvent
3. Quelquefois
4. Peu souvent
5. Rarement ou jamais

**17. J'ai l'impression que si je ressemblais plus aux autres, je réussirais mieux**
1. La plupart du temps ou toujours
2. Assez souvent
3. Quelquefois
4. Peu souvent
5. Rarement ou jamais

**18. Je me sens souvent exclu lorsque je suis en groupe**
1. La plupart du temps ou toujours
2. Assez souvent
3. Quelquefois
4. Peu souvent
5. Rarement ou jamais

**19. J'ai l'impression d'avoir plus de mal à me faire respecter que les autres**
1. La plupart du temps ou toujours
2. Assez souvent
3. Quelquefois
4. Peu souvent
5. Rarement ou jamais

**20. Je pense être une personne plutôt sympathique**

1. Rarement ou jamais
2. Peu souvent
3. Quelquefois
4. Assez souvent
5. La plupart du temps ou toujours

**21. Je sens que les gens m'aiment bien**

1. Rarement ou jamais
2. Peu souvent
3. Quelquefois
4. Assez souvent
5. La plupart du temps ou toujours

**22. J'ai l'impression d'être une personne agréable**

1. Rarement ou jamais
2. Peu souvent
3. Quelquefois
4. Assez souvent
5. La plupart du temps ou toujours

**23. J'ai peur d'avoir l'air ridicule aux yeux des autres**

1. La plupart du temps ou toujours
2. Assez souvent
3. Quelquefois
4. Peu souvent
5. Rarement ou jamais

**24. Mes amis ont une très haute opinion de moi**

1. Rarement ou jamais
2. Peu souvent
3. Quelquefois
4. Assez souvent
5. La plupart du temps ou toujours

**25. Avec le recul, je ne suis pas satisfait de mes choix ou de mes actes**

1. La plupart du temps ou toujours
2. Assez souvent
3. Quelquefois
4. Peu souvent
5. Rarement ou jamais

## Résultats

Comptabilisez les points obtenus pour vos différentes réponses et reportez-vous aux résultats suivants.

***Vous avez plus de 100 points : Vous avez une très haute estime de vous.***

Vous ne vous laissez pas facilement démonter, c'est un atout pour conduire sa vie. Vous adorez défricher, entreprendre et en général vous ne perdez pas votre énergie à évaluer les risques. Lorsque vous réussissez, vous en profitez pour repousser vos limites, vous lancer de nouveaux défis. Vos proches admirent votre culot et, quand ils vous mettent en garde, vous ne les écoutez guère. Si vous échouez, cela ne vous frappe pas l'esprit. Vous n'êtes pas du genre à regretter et êtes toujours prêt à rebondir. Attention cependant à ne pas sombrer dans la suffisance. Votre haute estime de soi vous masque parfois la réalité. Écoutez un peu plus vos proches, ils pourraient vous épargner des déconvenues douloureuses. Lorsque l'estime de soi prend le visage de l'orgueil, elle isole des autres et devient dangereuse.

***Vous avez entre 60 et 100 points : Vous êtes sensible à l'avis des autres.***

Si vous réussissez, si on vous exprime de l'affection, vous vous sentez bien dans votre peau. Mais si vous essuyez un échec cuisant, affectif ou professionnel, vous accusez le coup. Pendant quelque temps, vous ressassez des idées noires. Puis vous essayez de comprendre ce qui n'a pas fonctionné avant de repartir sur de nouvelles bases. En somme, au-delà des idéaux de réussite et d'excellence, ce qui compte pour vous, c'est d'être en accord avec vous-même : respecter vos valeurs, entretenir de bonnes relations avec vos proches, mener à bien vos principaux projets. Vous savez qu'il n'est pas toujours possible d'obtenir ce que l'on souhaite et, parfois, d'éviter les coups durs. Alors vous essayez de vivre au mieux. Et lorsque vous y parvenez, vous avez une bonne estime de vous-même.

***Vous avez moins de 60 points : Vous doutez de vous en permanence.***

Obsédé par l'opinion des autres, vous êtes sans arrêt à l'affût de signes de désapprobation ou de critiques. Vous vivez dans l'angoisse de décevoir, d'échouer. Vous pensez que les autres sont en général plus doués, plus sûrs d'eux, plus compétents que vous. Avant de prendre une décision, vous interrogez tout votre entourage et ne tranchez qu'en dernier recours. D'ailleurs en général, vous préférez ne pas choisir, mais laisser faire le temps ou abandonner aux autres la responsabilité de décider. La plupart de vos collègues ou amis vous apprécient pour votre disponibilité, votre caractère facile. Mais lorsque vous réussissez dans n'importe quel domaine, vous n'arrivez pas à vous réjouir tant vous êtes torturé par l'idée que cela pourrait tourner mal. Du reste, vous détestez les compliments, ils vous mettent très mal à l'aise. Attention, en évitant systématiquement de prendre des risques et d'assumer vos succès, vous minez votre confiance en soi. Votre excessive modestie est devenue une prison qui vous empêche de jouir de la vie. Il est temps de réagir et d'essayer de vous affirmer davantage, s'il le faut avec l'aide d'un thérapeute.

## LA DICTATURE DE LA NORME

Si notre confiance en soi et notre estime de soi sont si difficile à protéger, c'est qu'aujourd'hui la société est devenue plus normative que jamais. Certes les anciens carcans de la famille traditionnelle, de la religion ou de la morale ont disparu, mais des idéaux de réussite individuelle encore plus contraignants ont pris leur place. Dans les différents domaines de la vie (affectifs, relationnels ou professionnels), nous sommes censés parvenir à un niveau de performance minimale, largement relayé par les médias. Pour avoir confiance en soi, il ne faut pas seulement se sentir autonome ou pouvoir anticiper un résultat positif. Il faut réussir à atteindre les normes véhiculées depuis un demi-siècle par la presse féminine, et plus récemment masculine. C'est ainsi qu'apparaît le paradoxe de la société contemporaine, individualiste et consumériste : pour se réaliser pleinement, il faut se soumettre à des normes strictes, entrer dans la compétition de l'épanouissement. Le conformisme social est désigné comme un moyen d'affirmation de soi. « La presse magazine se présente désormais comme la détentrice de toutes les clés de la vie saine et équilibrée, de la sexualité épanouie, de l'autonomie personnelle, analyse la sociologue Sylvie Giet. Il s'agit d'être autonome, mais en suivant les règles du jeu que la presse énonce. » Le piège est implacable : je te promets le bonheur et je t'enferme dans des contraintes toujours plus rigides et intrusives pour l'obtenir.

## Un corps jeune et mince

Les règles les plus strictes concernent l'apparence physique et plus particulièrement la minceur. Dans une société de l'image qui magnifie et glorifie l'apparence physique, le corps devient le mode de valorisation narcissique premier. Il représente bien plus qu'un simple atout de séduction. Il incarne aujourd'hui des valeurs comme la réussite, le succès, le contrôle de soi. Tous ceux qui n'entrent pas dans la norme sont soupçonnés de « laisser-aller » ou traités avec condescendance ! Cette pression sociale est relayée, médiatisée par les magazines féminins, les images télévisuelles qui suggèrent le suivi de régimes alimentaires (restrictifs). Ce qui induit de manière de plus en plus précoce des préoccupations concernant l'alimentation, le corps et la minceur. Ces messages culturels contribuent à généraliser les conduites de restriction alimentaire dès l'adolescence, à multiplier les mesures de contrôle du corps et de ses formes. La glorification de la jeunesse va, en parallèle, dans le sens de la promotion d'un corps adolescent, aux formes nubiles. Un corps tel que les anorexiques aimeraient le conserver, et modèle que les boulimiques tentent d'approcher. Pour le sociologue J. Baudrillard, le corps est devenu désormais un objet de narcissisme autant que de prestige social. Pour appartenir aux classes dirigeantes, il convient de contrôler son poids, de modeler son corps et de rester jeune. Logique consumériste oblige, cette beauté juvénile (et la promesse d'amour qui lui est associé) s'acquiert à coup de crèmes coûteuses, d'abonnements sportifs et de cures de luxe. Pour être bien dans sa peau, il faut pouvoir payer. En somme, plus on est riche, plus on est exposé à cette course à la perfection épuisante pour l'ego.

## Une carrière exemplaire

Le métier qu'on exerce est l'autre grand indicateur de notre valeur personnelle ! Depuis le milieu du XIXe siècle, la profession symbolise en effet notre place dans la société. Auparavant, le statut social était essentiellement héréditaire ; occuper une place modeste ou être un notable n'induisait alors aucune connotation morale. Les individus n'étaient pas responsables de leur condition, ils ne pouvaient ni s'en enorgueillir ni en avoir particulièrement honte. Le christianisme tendait même à déprécier la richesse, la présentant comme un handicap à la reconnaissance divine. L'effondrement de l'ancien système des privilèges et la prise du pouvoir par la bourgeoisie va renverser l'ordre des valeurs. Peu à peu, l'irrésistible poussée de l'éthique protestante et du capitalisme impose une autre logique. Sur l'hypothèse que chacun dispose à l'origine d'une égalité des chances, les réussites deviennent la preuve incontestable de la valeur des individus. Dans le monde anglo-saxon se développe l'idée d'un lien fiable entre mérite et position sociale : l'argent est le révélateur de qualités morales intrinsèques. C'est l'émergence du mythe triomphant du self-made-man, véritable héros de l'ère capitaliste. L'accumulation de biens démontre que l'on est quelqu'un de « bien », que l'on contribue activement à la société, que l'on mérite sa place. Si la réussite est valorisée, son pendant, l'échec, est dans le même temps stigmatisé : non seulement on souffre de ses malheurs, mais on subit de surcroît un douloureux sentiment de culpabilité, celui d'être l'unique responsable de son sort. Cette logique effarante s'est trouvée renforcée à outrance par l'ultra-individualisme contemporain. Chacun est l'inventeur de son propre parcours et de son identité et porte seul le poids de ses échecs et la charge de « réussir » sa vie. Un mécanisme étudié par le sociologue Jean-Claude Kaufmann : « Le principe égalitaire change tout. Il introduit un nouvel espace d'inégalités. Celui de la représentation de soi, des images et émotions qu'elle véhicule [...] ouvrant un abîme de souffrances psychologiques se superposant aux souffrances matérielles. » C'est la double peine de ceux qui échouent socialement : ils souffrent de leur situation précaire et de la culpabilité d'avoir défailli.

## Une famille modèle

En somme, pour correspondre aux normes sociales véhiculées par les médias, il faut lutter quotidiennement pour rester jeune, mince et séduisant et obtenir une place enviable dans une entreprise de premier plan. Épuisant, me direz-vous ? Sans aucun doute ! Mais les injonctions de réussite ne se limitent pas à notre sphère sociale, elles concernent également notre vie privée : nos relations sentimentales et nos habiletés parentales. Certes, le couple classique (marié et pérenne tout au long de la vie) n'est plus véritablement une référence. Trop de divorces et de séparations sont passés par là. Aujourd'hui, un enfant sur deux est élevé par l'un de ses deux parents, en famille monoparentale ou en famille recomposée. Pour autant, l'idéal d'une relation amoureuse épanouissante et d'une parentalité assumée et accomplie est plus vivace que jamais. Pour réussir leur vie, même les plus brillants ne peuvent se contenter d'avoir un parcours professionnel hors du commun : ils doivent prouver également qu'ils sont aptes à fonder une famille. Madonna, Brad Pitt ou Sarah Jessica Parker ne revendiquent pas seulement une image de stars, mais aussi celle de parents exemplaires ! Ils doivent pour cela parvenir à concilier l'inconciliable. Qui est capable de consacrer le temps nécessaire à l'entretien d'un corps parfait, d'une carrière sans à-coup tout en vivant des histoires sentimentales exaltantes et en s'investissant dans l'éducation de ses enfants ? C'est l'injonction paradoxale contemporaine : réussir sa vie personnelle tout en se dévouant tout entier à sa réussite professionnelle. Et si on disait stop ? !

## Ces complexes qui nous font souffrir

Le complexe est la perception chez soi d'un défaut qui induit un sentiment d'infériorité. Or cette perception est très subjective. Elle s'appuie sur la comparaison avec une norme, le plus fréquemment celle qui est véhiculée par les médias. En 2005, le magazine en ligne *Mood.fr* du groupe Psychologie publiait un Top 10 de ce qui complexe le plus les adolescents. Bien sûr, ce classement varie selon que l'on est un homme ou une femme, un adolescent ou un adulte d'âge mûr. Il n'en reste pas moins un bon inventaire de ces normes qui nous tyrannisent tant.

**1.Le rougissement :** L'éreuthophobie est un trouble anxieux caractérisé par une crainte obsédante de rougir en public. Les personnes qui en souffrent rougissent facilement, ce qui les gêne dans leurs rapports sociaux. Acceptable lorsque l'on est encore très jeune, cette peur pathologique devient vraiment gênante à l'âge adulte, car elle symbolise un manque d'assurance jugé inacceptable.

**2.L'argent (ou le statut social) :** Dans le monde moderne, les moyens financiers sont devenus le principal référent en matière de statut social. La pauvreté (ou la précarité) est perçue comme un échec personnel.

**3.La frigidité :** L'absence de plaisir sexuel ou la difficulté à atteindre l'orgasme ou pour les hommes les problèmes d'érection sont au cœur des nouvelles normes en termes de sexualité. Là aussi, la performance est devenue la règle et aggrave les troubles de ceux ou de celles qui ne peuvent l'atteindre.

**4. Les kilos :** Le surpoids est devenu le complexe n° 1 des Occidentaux. Si l'on en croit un sondage effectué en 2003 sur 1 000 femmes de 18 à 65 ans, seules 14 % des sondées se sentent à l'aise dans leur corps ! Celles (et ceux) qui s'estiment – parfois à tort – trop gros souffrent de ne pas correspondre à la norme et de ne pas parvenir à maîtriser leur corps.

**5. Les larmes faciles :** Dans les siècles passés, hommes et femmes pleuraient au théâtre, en groupe, mais aujourd'hui c'est souvent considéré comme un signe de faiblesse. La vulnérabilité, une fois de plus, est condamnée par les normes de performance contemporaine au même titre que l'échec (et son aveu) ou le doute.

La forme du nez, la taille du pénis, la pilosité (trop ou pas assez), la taille des seins et la timidité figurent également dans le classement de *Mood*. De façon générale, les spécialistes s'accordent à classer en priorité dans les complexes physiques féminins le poids, les seins et surtout le ventre et dans les complexes masculins la taille, la musculation, la timidité et le pénis. Ces troubles du narcissisme apparaissent dans les moments de crise où nous redéfinissons notre identité : adolescence, quarantaine… Les moments de doute (deuil, séparation, licenciement…) favorisent également leur résurgence.

## SEXE, GENRE ET COMPLEXES

La confiance en soi est-elle liée au sexe des individus ? Plusieurs études menées par des psychothérapeutes sur des enfants de 6 à 12 ans ont démontré que les petites filles avaient des scores moyens d'estime de soi moins élevés que ceux des garçons au même âge. Si l'on tient compte des liens étroits qui unissent estime de soi et confiance en soi, on peut donc en conclure que la confiance en soi des garçons est globalement plus élevée. Peut-être est-ce là l'une des explications du traditionnel écart de salaire entre hommes et femmes ? En 2006, il s'élevait encore à 27 % dans les entreprises du secteur concurrentiel (entreprises de dix personnes ou plus) ! Certes, les femmes occupent moins souvent les postes à responsabilité les mieux payés, elles sont, pour les plus âgées, moins diplômées, elles interrompent leur carrière plus fréquemment pour élever leurs enfants... Mais si l'on tient compte du niveau de diplômes, de l'ancienneté, de l'expérience professionnelle, du type de contrat de travail, du temps partiel, du secteur d'activité, de la taille de l'entreprise..., il reste une « zone grise » inexpliquée, correspondant à une différence de salaire d'environ 10 %. Elle s'explique pour une part par une certaine forme de discrimination (les dirigeants sont majoritairement des hommes et sans doute un peu sexistes), mais également par le manque d'assurance des femmes, trop modestes et trop peu revendicatrices !

## Gentille et timide

Il est vrai que l'assurance est une vertu traditionnellement plus masculine que féminine. Et cela ne doit rien au hasard. Une étude canadienne réalisée en 1998 sur les activités des jeunes en dehors de l'école révèle un écart important dans la vie sociale des deux sexes. Chez les jeunes enfants, le taux de participation aux activités extrascolaires ne diffère que légèrement entre garçons et filles. Les garçons sont légèrement moins susceptibles d'y participer à l'âge de 4 ou 5 ans, tandis que les filles sont légèrement moins susceptibles d'y participer entre 6 et 11 ans. Chez les adolescents, toutefois, la différence entre les sexes est plus manifeste. En effet, chez les 14 et 15 ans, 1/5 fille environ indique qu'elle n'a participé à aucune activité dans l'année, comparativement à 1/10 garçon environ. On retrouve là le poids de l'environnement social que connaissent bien les psychothérapeutes. Les parents encouragent plus volontiers leurs enfants mâles à s'affirmer, à être entreprenants, à prendre part à des activités qui valorisent le développement de la confiance en soi : le sport, la compétition. Un garçon timide est rapidement un sujet de moquerie pour ses camarades. Tandis que les filles sont incitées à être coquettes et dociles, leur timidité n'étant jamais considérée comme un défaut. Au fur et à mesure des années, la confiance en soi conquise par les garçons, lors de ces mises à l'épreuve valorisées, manque cruellement aux petites filles. Et les meilleurs résultats scolaires des filles ne suffisent pas à compenser l'écart. Décidément, les combats féministes ne sont pas encore gagnés !

### La tyrannie du miroir

La pression sociale sur les normes physiques semble également en cause, bien qu'aujourd'hui hommes et femmes soient soumis à des standards presque aussi contraignants. Mais les psychiatres Christophe André et François Lelord l'affirment : à partir de 8 ans, les petites filles sont globalement moins satisfaites de leur physique que les garçons et ce sentiment persiste toute la vie. Le regard qu'elles portent sur elles-mêmes est déjà beaucoup plus sévère, beaucoup moins innocent. Dès leur plus jeune âge, elles ont été matraquées par des images idéales, en quelque sorte conditionnées au devoir de se conformer sous peine d'être rejetées. Ne voient-elles pas leur propre mère poursuivre inlassablement la quête d'un idéal inaccessible ? Les troubles alimentaires des adolescentes en sont la conséquence logique. Et la situation ne s'arrange guère : dans les années 1970, l'écart de poids entre les mannequins et les femmes normales était de

8 %, aujourd'hui il est de 23 % ! Si le physique est plus déterminant dans la confiance en soi des filles, c'est qu'il touche à des domaines où les femmes se doivent d'exceller plus que les garçons : la vie sentimentale et le couple. Ne pas réussir à se conformer a des conséquences immédiates sur leur confiance en elles-mêmes, celle de devenir des femmes accomplies, capables de plaire, donc de fonder une famille et de devenir mères à leur tour !

## Sexualité et performance

Pour les hommes, c'est sur le terrain de la sexualité que la pression est la plus forte. Et dans ce domaine, gare à la panne ! Neuf hommes victimes de pannes sexuelles sur dix affirment que ce contretemps a eu des répercussions sur leur confiance en soi en société : 65 % des hommes interrogés parlent d'une diminution, voire d'une perte de leur assurance et de l'estime de soi après une érection insuffisamment rigide lors d'un rapport sexuel et 47 % s'estiment désormais moins confiants dans la vie en général. Pour ces messieurs décidément, la vie entière paraît conditionnée par la puissance sexuelle. Mais là encore, les diktats normatifs d'aujourd'hui semblent gommer les différences. Si la confiance en soi des hommes dépend du nombre et de la fréquence de leurs érections, celle des femmes est aujourd'hui associée à l'atteinte de l'orgasme. Le porno a investi les imaginaires des hommes comme des femmes, relayé par la presse qui a légitimé la notion de performance comme une norme sociale. Dorénavant, les deux sexes redoutent de ne pas être à la hauteur des attentes de l'autre : de ne pas savoir reproduire les gestes, les attitudes adéquates, de se montrer trop timides ou inexpérimentés. Le jeu sexuel suit de plus en plus un scénario prédéterminé où il s'agit de « cocher » toutes les cases, au risque de paraître « coincé ». Peut-on encore avouer sans rougir que l'on ne possède pas de sex-toy ?

## Le statut social

L'atteinte d'un statut enviable est l'un des principaux piliers de la confiance en soi. Et sur cette question aussi, hommes et femmes ne sont pas tout à fait sur un pied d'égalité. Chez les hominidés, nos lointains ancêtres primates, le statut social jouait un rôle déterminant dans la compétition sexuelle entre mâles. Les dominants avaient (potentiellement) la libre disposition de toutes les femelles, alors que les dominés disposaient d'un choix beaucoup plus restreint (voire étaient exclus de la course à la séduction) ! La bataille pour devenir un mâle alpha était donc rude. Dans nos sociétés contemporaines où les femmes ont conquis leur indépendance financière, les choses semblent paradoxalement avoir bien peu changé. Les études réalisées par le psychologue évolutionniste David Buss ont démontré la survivance de ces vieux schémas. Quelle que soit la région du monde, les femmes continuent d'accorder beaucoup d'importance aux perspectives financières de l'homme et à son statut social. Les hommes se focalisent quant à eux sur l'âge et la beauté physique, indicateurs de fertilité. Aujourd'hui, l'atteinte d'un statut social privilégié passe essentiellement par le métier que l'on exerce, et à moindre niveau, par ses revenus. Pour les hommes, c'est donc autour de la question professionnelle que se cristallisent les problèmes de confiance en soi. Et c'est notamment lors des épisodes de chômage que l'écart se creuse. Le prix psychologique à payer pour les hommes est bien plus élevé.

## Mars et Vénus

Les différences physiologiques sont-elles à l'origine de la répartition des rôles entre hommes et femmes ? Ces dernières années, de nombreux best-sellers ont vulgarisé les travaux de chercheurs anglophones s'échinant à démontrer le lien entre biologie et différences d'aptitudes dans tel ou tel domaine. Ainsi les femmes seraient peu nombreuses dans les professions scientifiques, car elles seraient par nature moins bonnes en mathématiques. Dans les résultats aux tests standardisés de mathématiques américains, les femmes sont en effet 13 fois moins nombreuses à obtenir des scores supérieurs à 700. Il n'en faut pas plus à ces chercheurs pour affirmer que ces écarts de performances sont la résultante de différences cognitives. Ils s'appuient pour cela sur la théorie dite des « deux cerveaux » : si les femmes sont meilleures en fluence verbale, c'est parce que leur hémisphère gauche, spécialisé dans le langage, est plus performant. Les hommes, eux, auraient un hémisphère droit plus actif, ce qui expliquerait leurs capacités spatiales (un don inné pour l'orientation et la géométrie ?!). Mais cette théorie est désormais invalidée par les nouvelles techniques d'imagerie cérébrale qui montrent que les hémisphères ne fonctionnent pas l'un sans l'autre. Une fonction n'est jamais localisée dans une seule région, mais mobilise un ensemble de zones reliées entre elles. En réalité, les neurobiologistes[1] ont découvert une grande variabilité dans l'anatomie et le fonctionnement du cerveau des individus (quel que soit leur sexe). En résumé, aucun homme et aucune femme n'ont le même cerveau. Nos aptitudes cognitives n'ont donc rien à voir avec notre sexe ! Alors comment expliquer les écarts observés dans les tests de mathématiques ? Par la force des idées reçues ! Les filles se croient tellement « inférieures » en mathématiques qu'elles sont plus stressées lors des examens et obtiennent de moins bons résultats que leurs congénères masculins (quelles que soient leurs capacités réelles). Il est donc grand temps d'en finir avec les stéréo-

1. « L'alibi de la nature », in « Le Long Chemin vers l'égalité », *Journal du CNRS*, supplément n° 242, mars 2010.

types (même les plus tenaces) et de renvoyer Mars et Vénus... dans la Voie lactée !

## Confiance en soi, sexe et argent

Les chercheurs en finance et en psychologie l'affirment : hommes et femmes n'ont pas les mêmes comportements en matière d'épargne. De nombreuses différences apparaissent dans la gestion de leurs avoirs, quelles que soient les expériences qu'ils aient sur la question.

**1.Les femmes perçoivent et craignent davantage le risque que les hommes**

Les femmes sont, de façon générale, plus réticentes à prendre des risques en matière de placement que les hommes. D'une part elles font moins confiance au marché financier, d'autre part elles craignent davantage les répercussions d'événements imprévus. Les chercheurs avancent trois explications à cette prudence instinctive : les femmes seraient plus sensibles à la perte que les hommes, elles éprouveraient moins d'excitation à l'idée de prendre un risque et auraient moins confiance dans leurs décisions.

**2.Les hommes sont plus optimistes que les femmes**

Dans les sondages sur les anticipations économiques et financières, les hommes font preuve d'un optimisme systématiquement plus important que celui des femmes : ils voient positivement l'évolution de la situation économique, les perspectives des marchés financiers et le niveau de risque qu'il est possible de prendre. Enfin, les hommes sont plus optimistes quant aux performances de la gestion collective : une majorité des hommes qui investissent dans des fonds pensent qu'avec ceux-ci, il est possible de battre le marché à long terme, contre une minorité de femmes.

**3. Les hommes ont plus confiance dans leurs qualités d'investisseurs que les femmes**

Dans la population des investisseurs, les hommes sont plus sûrs de leurs compétences en matière de gestion financière. Ce surcroît de confiance en soi s'explique notamment par un travers psychologique très masculin : s'approprier facilement ses succès passés tout en rejetant la responsabilité de ses échecs sur le compte de facteurs extérieurs et incontrôlables. Pourtant, à prise de risque égale, ce sont les femmes qui affichent les meilleures performances en Bourse. Morale du moment, les banquiers victimes de la crise des *subprimes* étaient donc majoritairement... des hommes !

**4. Les hommes prennent plus de plaisir à investir que les femmes**

À l'évidence, le fait de gérer un portefeuille ou de gérer ses biens est perçu comme une forme de jeu par les hommes. Ils y prennent plus de plaisir que les femmes, trouvent cela excitant et amusant. À l'inverse, les femmes considèrent que c'est stressant, difficile et chronophage. En conséquence, elles regardent moins souvent leurs placements et passent moins de temps à comparer leurs performances à celles des indices de référence.

**5. Les femmes préfèrent les placements prudents**

C'est le cas notamment au sein des plans d'épargne-retraite dans les pays où ce sont les salariés eux-mêmes qui choisissent les supports sur lesquels investir. En France, les études sur le patrimoine financier des ménages montrent que les hommes sont plus nombreux à détenir des actions. Cet excès de prudence pourrait bien se retourner contre les femmes. Ce sont en effet elles qui ont l'espérance de vie la plus longue et les revenus les plus faibles ; elles auraient donc tout intérêt à investir dans les actions, placement qui est le plus rémunérateur à long terme.

Source : *10 leçons pour mieux épargner à long terme,* édité par Direct Assurance, rédigé sous la supervision de Mickaël Mangot, consultant en finance et enseignant à l'Essec.

# Chapitre 2

## Lutter contre les pensées négatives

Mais pourquoi faudrait-il absolument renforcer son estime de soi pour réussir sa vie et être heureux ? Après tout, il peut y avoir certains bénéfices à se faire une opinion médiocre de soi-même : une personne à basse estime de soi sera plus facilement acceptée par les autres, car plus modeste et plus conciliante. Elle tiendra naturellement compte des conseils avisés de ses proches, évitant ainsi les écueils de l'inexpérience. De façon générale, elle fuira les situations dangereuses ou inconnues, minimisant les risques d'échec. *A contrario*, un individu à haute estime de soi pourra faire preuve d'excès de confiance et s'obstiner dans les situations désastreuses (faisant fi de l'avis des autres) par simple orgueil. Certes, il n'y a pas de voie unique pour accéder au bien-être. Cependant, les psychothérapeutes savent à quel point les pensées négatives que nous entretenons sur nous-même peuvent être dangereuses. Non seulement elles nous empêchent de faire des choix et d'agir quand il le faut, mais elles seraient l'une des principales causes du stress chronique. Or cette sorte de stress est impliquée dans de nombreuses maladies : pathologies cardio-vasculaires, asthme, maladies de la peau, douleurs digestives (ulcères), troubles du transit (diarrhées-constipation ; vomissements), baisse de l'immunité. Le biologiste américain Hans Selye a même découvert que le stress faisait vieillir prématurément et donc réduirait notre espérance de vie. Voilà qui incite à réfléchir sur soi et ces méchantes idées que l'on entretient depuis si longtemps... en secret. Voici un petit programme qui devrait vous aider à réussir un grand nombre d'entre elles.

## SE LIBÉRER DE L'EMPRISE PARENTALE

Pour les psychiatres François Lelord et Christophe André, l'estime de soi est soumise à quatre sources de pression : l'avis des parents, l'avis des enseignants (ou responsables hiérarchiques), l'avis des camarades de classe (puis collègues) et enfin l'avis des amis. Au début de la vie, le poids des parents est le plus important. Et même s'il tend à diminuer à l'adolescence, il reste une référence essentielle pour la constitution de deux des principaux piliers de l'estime de soi : l'amour de soi et la vision de soi. Il est très difficile, même à l'âge adulte, de se réparer des blessures narcissiques de la petite enfance. Dans son célèbre roman *Vipère au poing*, Hervé Bazin évoque les rapports conflictuels et humiliants qu'il eut dans son enfance avec sa mère, avec qui il rompit tout rapport dès sa majorité. L'écrivain, lors de nombreuses interviews, a confié son incapacité à surmonter ce souvenir et les difficultés qu'il eut toute sa vie à nouer des relations harmonieuses avec les femmes. La célébrité et le succès n'avaient pu le guérir de cette douleur. Dans les choix de vie que nous effectuons jusque tard dans notre existence, l'empreinte du désir parental est toujours présente : on cherche encore à plaire à Papa ou à Maman en réalisant leurs vœux, ou ce que l'on pense être leurs ambitions.

L'enfant devenu adulte se conforme encore aux attentes de ses parents.

## Le piège de l'enfant idéal

Tous les parents du monde fantasment un enfant idéal auquel ils souhaitent, parfois inconsciemment, que leur progéniture ressemble. Ce modèle est un mélange de leurs propres désirs frustrés, de narcissisme et de valeurs personnelles. Ils rêvent que leur enfant réussisse ce qu'eux-mêmes n'ont pu réaliser. Ce phénomène est d'autant plus aigu dans la famille contemporaine où le contrôle de la natalité permet un surinvestissement de chaque enfant. Dans la plupart des cas, les attentes parentales se caractérisent par des ambitions scolaires élevées, préfigurant l'obtention d'un certain prestige social. Mais elles peuvent être plus diffuses et plus complexes. Parfois, entre cette représentation et la réalité, l'écart peut être très important. L'enfant soumis à la pression parentale souffre alors de ne pouvoir satisfaire ses parents et la relation devient toxique. « Tout tourne autour de la capacité de l'enfant à se faire aimer de son père et de sa mère, affirme le psychologue Marc Ferrero. Ceux-ci doivent fournir un cadre, à la fois ferme et bienveillant, une écoute et surtout un soutien narcissique. Les enfants doivent se sentir acceptés tels qu'ils sont et non pas tels que les parents les voudraient. » La première exclusion se vit donc au sein de la famille, quand il est impossible de ressembler au modèle imaginé par ses parents. Et cette impression de rejet peut durer jusqu'à l'âge adulte, empoisonner toute la vie. L'individu ne parvient pas à se libérer de l'emprise parentale et essaie toujours vainement de trouver l'acquiescement et la bienveillance dont il a été privé.

**Témoignage Sophie, 35 ans**

« J'ai un mari et de beaux enfants, une jolie vie... Mais je manque de confiance en moi depuis l'enfance, malgré de brillantes études. Je me minimise tout le temps, si je ne sabote pas tout psychologiquement quand quelque chose de bien m'arrive. Je viens d'apprendre à mes parents que j'allais me reconvertir professionnellement et comme d'habitude, ils critiquent mon choix. Ils ne m'ont jamais soutenue dans quelque initiative que ce soit. J'ai le sentiment que mes parents ne s'intéressent jamais à ce que j'éprouve. Ils me jugent, critiquent toutes mes décisions. Ils se comportent comme si je devais faire marche arrière.

À chaque fois, c'est le même cinéma quand je leur apprends quelque chose d'important concernant ma vie... Ils me démontrent le côté négatif des choses, qu'il ne faut surtout pas que je fasse ce choix, qu'ils m'auront bien prévenue [...] : ils ne me lâchent pas. Depuis l'adolescence, à chaque fois il y a des clashes : je n'en peux plus ! J'ai le sentiment qu'ils tuent mes projets et ne me soutiennent jamais, même si au bout du compte c'est une réussite et qu'ils oublient leurs réticences. Mon père croit tout savoir mieux que tout le monde et émet toujours des jugements de valeur négatifs à l'égard d'autrui. (Je ne lui parle pratiquement plus, sauf pour des banalités.) Ma mère boit ses paroles et me les ressort comme si elles venaient d'elle. Elle fait l'intermédiaire, car sinon ça clashe encore plus... C'est insupportable ! Ils ne me lâchent pas la grappe et ce n'est pas faute de le leur avoir dit !

Je me sens mal, incomprise, peut-être encore "petite fille" attendant désespérément qu'ils me soutiennent. J'éprouve un profond mal-être intérieur qui empoisonne toute ma vie. »

## Prendre de la distance

Lorsque les relations parents-enfants sont destructrices pour l'estime de soi, l'urgence est de desserrer les liens qui font souffrir. Devenir adulte passe par une certaine autonomie dans ses choix. Il est essentiel de pouvoir pleinement s'attribuer ses réussites, comme ses échecs, de jouir des uns et d'assumer les autres… sans craindre d'être jugé ou rejeté par les autres ! Et peu importe si ce harcèlement est l'expression d'un amour trop intrusif ou d'une maladresse, il faut minimiser les risques de souffrir du regard parental. La première étape passe par la mise en place d'une distance protectrice qui permette de garder le contact, tout en se sentant bien (distance géographique, fréquence des contacts et distance dans le contact). Vous apprendrez ainsi à préserver votre intimité. Peu à peu, vous comprendrez que vos parents ne sont pas les personnes les plus à même de partager et de soutenir vos décisions de vie. Vous prendrez l'habitude de les informer plus tard, lorsque vos engagements ne peuvent être remis en question, en vous préparant aux réactions redoutées. Enfin, vous vous habituerez à chercher ailleurs le soutien dont vous avez besoin en vous tournant vers des amis ou d'autres proches, plus en mesure d'entendre ou de comprendre vos options, sans les juger. Ces petits moyens n'empêcheront peut-être pas les « reproches », mais ils réduiront leur impact sur vous. Vous saurez désormais « fermer les écoutilles » pour ne plus souffrir !

## Désobéir, c'est grandir

Chacun d'entre nous grandit avec les névroses de ses géniteurs et, même si nous protestons à l'adolescence, il est difficile de se libérer des missions impossibles transmises par l'inconscient familial : « Je dois être une bonne fille en devenant avocate, comme ma mère », « Je dois être un bon fils en échouant à tous mes examens, comme mon père »... L'entrée dans la vie adulte ne suffit pas à nous rendre autonome. Pour nous permettre d'être enfin nous-même, il faut passer outre le désir parental. C'est généralement vers 25-30 ans que nous avons cette prise de conscience : s'autoriser à être soi-même nécessite de désobéir aux injonctions familiales. De nombreux changements de parcours professionnel s'initient ainsi à la trentaine. Après des études faites pour « faire plaisir à Papa ou Maman », l'individu se sent enfin la force de changer de voie et de réaliser ce qu'il veut. Pour Nicole Prieur[1], psychothérapeute et thérapeute familiale, le cheminement qui nous conduit vers un moi libéré passe inévitablement par trois étapes. « La première est celle de l'attitude infantile, qui consiste à vivre dans l'attente de recevoir. La deuxième est l'adolescence, la période qui nous pousse à "régler nos comptes" et à réclamer notre dû. Certains ne dépassent d'ailleurs jamais ce stade : ils demandent à leurs copains, à leur amoureux de venir réparer ce que leurs parents ne leur ont jamais donné. [...] La troisième et dernière étape consiste à grandir en acceptant que ce qui n'est pas venu ne viendra pas, en cessant d'en vouloir à ses parents. » C'est donc en acceptant de ne jamais pouvoir satisfaire totalement ses géniteurs, de ne jamais recevoir l'acquiescement et le soutien qui nous ont manqués que l'on peut enfin faire son deuil... et commencer à vivre pleinement.

## Un pardon libérateur

Vers l'âge de 3-4 ans, l'enfant prend conscience de la relation qu'il entretient avec sa mère et son père. Il met alors en place une sorte de calculette inconsciente

1. Nicole Prieur, *Petits Règlements de comptes en famille*, Albin Michel, 2009.

qui enregistre les marques d'amour comme les manques et les loupés de ses parents. Parce qu'il attend tout de ses parents, son espoir est inévitablement déçu. Aussi attentif soit-il, aucun parent ne saurait combler tous les besoins de son enfant. Il n'y a pas plus d'enfant idéal que de parent parfait ! Certes, cette expérience de la frustration est essentielle pour nous ouvrir au monde et nous conduire vers l'autonomie. Mais elle peut être parfois très douloureuse lors d'événements importants de la vie familiale : la naissance d'un frère ou d'une sœur, une crise, une séparation du couple parental, une recomposition de la famille… « Quoi qu'ils fassent, nos parents ne viennent jamais à la place à laquelle nous les attendons. Ils ne satisferont jamais nos besoins. Et, à un moment donné, forcément, nous leur en voulons de ne pas nous avoir donné ce que nous désirions », souligne Nicole Prieur. La colère est alors naturelle, elle nous conduit vers plus d'autonomie affective. On ressent le besoin d'un règlement de comptes et parfois même d'une véritable confrontation. Mais le conflit doit être dépassé pour nous permettre véritablement de nous libérer de l'emprise parentale. C'est en acceptant nos parents tels qu'ils sont que nous devenons vraiment adulte, responsable de notre existence et capable de relations pacifiées. « Ils ne sont pas les parents parfaits que nous avions imaginés. Il nous faut aussi accepter l'idée que ce à quoi nous aspirons – le bonheur, la plénitude, le bien-être, etc. –, notre famille ne pourra jamais nous l'apporter totalement, car notre identité ne se constitue pas uniquement par rapport à nos parents. » En pardonnant à nos parents, nous nous autorisons enfin à trouver nous-même le sens de notre vie.

Ce qu'il faut retenir pour se libérer de l'emprise parentale

1. Comprendre qu'on ne peut pas satisfaire les fantasmes de ses parents.
2. Instaurer la bonne distance dans ses rapports familiaux.
3. Apprendre à protéger son intimité.
4. S'entourer de personnes ouvertes et bienveillantes qui ne vous jugent pas.
5. Accepter nos parents tels qu'ils sont et leur pardonner.

## DÉFINIR LE BON NIVEAU D'AMBITION

Notre bonheur dépend-il de nos succès ? En partie, répondent les psychologues, mais encore faudrait-il savoir ce que l'on entend par là. L'ambition est une énergie créatrice, un formidable moteur si elle nous incite à donner le meilleur de nous-même pour améliorer notre environnement et notre vie. Mais elle peut devenir destructrice lorsqu'elle est fondée sur l'orgueil et la comparaison. La société ultracompétitive dans laquelle nous vivons nous pousse à désirer bien plus que ce dont nous avons réellement besoin. Et parfois, ce sont nos parents qui nous transmettent des attentes démesurées et leurs propres frustrations. L'ambition devient alors une véritable source de souffrance, une « mission d'excellence » impossible à remplir. Elle nous dévore au point de ne jamais pouvoir nous accorder de repos, afin d'être en paix avec nous-même. Or une ambition impossible à satisfaire est aussi destructrice pour l'estime de soi qu'un manque total d'ambition. Dans les deux cas, nous douterons de notre valeur.

## La théorie du niveau d'aspiration

Le père de la psychologie américaine, William James, a donné une définition très « scientifique » de l'estime de soi : celle-ci serait le simple rapport entre ce que nous prétendons faire et les succès remportés. L'estime de soi dépend directement de l'écart entre nos aspirations et la perception de ce que nous sommes.

$$\text{Estime de soi} = \frac{\text{succès remportés}}{\text{prétentions}}$$

Donc peu importe nos qualités réelles ! Un individu très brillant qui espérait devenir un génie sera très malheureux de sa condition. Il aura une très mauvaise estime de soi. En revanche, une personne plus modeste se réjouira d'une situation bien moins enviable. En fait, plus on entretient des prétentions importantes sans les combler, plus on développe un sentiment d'échec personnel. L'estime de soi est le résultat de cette équation inconsciente. Conclusion pragmatique : pour augmenter son niveau d'estime de soi, il suffit de réduire ses aspirations. C'est beau comme de l'antique ! Vous n'êtes pas convaincu ? Faites malgré tout un brin d'analyse sur ces objectifs qui vous torturent depuis si longtemps. Pourquoi vous acharner à les poursuivre ? Vos ambitions méritent-elles de vous pourrir la vie ?

## Qu'est-ce qu'une vie réussie ?

En 2002, le magazine *Psychologie* réalisait une enquête sur cette question auprès d'un échantillon de mille personnes. Les résultats du sondage laissent apparaître une vision de la réussite bien différente de celle que l'on aurait attendue. Pour les répondants, la réussite c'est avant tout « être comblé par sa vie de famille » (54 %), « avoir su trouver un équilibre » (33 %), « savoir se satisfaire de ce que la vie vous offre » (38 %) et « donner du bonheur à d'autres » (44 %). Les représentations de la réussite sociale traditionnelles (« faire une brillante carrière », « occuper une place importante dans la société »), quant à elles, ne remportent aucun suffrage : ces modèles-là ne semblent plus convaincre au-delà de... 25 ans ! L'âge est un critère déterminant de la conception de la réussite, plus encore que le sexe ou le niveau social. Adolescent, on rêvera davantage d'une belle carrière qu'à 30 ans, où équilibre entre vie familiale et vie professionnelle deviennent prioritaires avant de céder la place vers la soixantaine aux aspirations d'harmonie avec soi et la nature. Avec le temps, les quêtes changent de nature, mais pour la majorité d'entre nous, « réussir sa vie » est d'abord un ressenti intérieur et non plus un affichage social. N'en déplaise à la Française des Jeux ou aux caciques de l'ultralibéralisme, l'argent et le prestige social n'ont plus autant d'attrait.

## Donner du sens à sa vie

Car ni l'accumulation de richesses ni la réussite sociale ne suffisent à donner du sens à notre vie. C'est la conclusion de cette enquête sur la vie réussie et c'est aussi l'avis des psychothérapeutes. La quête éperdue de biens matériels ou de marques de prestige ne comble pas nos besoins existentiels. « Sans les autres, il n'y a pas de sens, affirme le neurologue et psychiatre Boris Cyrulnik, le sens est lié à l'histoire collective, à l'identité. Il se nourrit du lien. » C'est pourquoi ceux qui ont la foi ou ceux qui adhèrent à des combats collectifs (politique, syndical, écologiste) se disent bien plus heureux que les autres. Pour tous les autres, la réponse est une affaire personnelle, parfois trop lourde à porter. Il faut trouver ses propres recettes, construire sa philosophie de vie et affronter seuls les aléas de l'existence. Dans le film de Jason Reitman *In the Air*,

Georges Clooney interprète le parfait exemple de l'individualiste forcené, pour lequel seul compte la réussite matérielle (symbolisée par le prestige d'une carte de fidélité). Il joue le rôle d'un spécialiste du licenciement à qui les entreprises font appel pour ne pas avoir à se salir les mains et qui, dans sa vie privée, fuit tout engagement (mariage, propriété, famille). Au premier revers, il découvrira à quel point son choix de vie est une impasse et l'absence de lien affectif ou même d'appartenance à un groupe peut être douloureuse.

## Rebooster son ambition

« Je me rends compte que je suis inconstante dans mes humeurs, dans ma motivation et dans mes envies... Je manque de motivation pour tout (enfin presque tout) ce que je fais... Un matin, je me réveille motivée pour faire telle ou telle chose, puis le lendemain, plus de motivation... J'ai l'impression que je n'ai envie de rien et pourtant j'ai envie de faire plein de choses ! Mais au bout du compte, je ne fais pas grand-chose... », s'inquiète Émilie, 30 ans. Le manque d'ambition ou de motivation est plus qu'une panne du désir, c'est le révélateur d'un déficit d'estime de soi. Le plus souvent, cette atonie cache des peurs profondes : peur de faire de l'ombre, de trahir ses origines sociales ou les conventions familiales, de décevoir, de passer pour un prétentieux. On donnerait volontiers plus d'ampleur à son existence, mais l'immobilisme prend le dessus. La crainte de l'échec est la plus forte, les difficultés effraient, on ne se sent pas apte à les affronter. À l'origine de ce manque de confiance, il y a l'image intériorisée de ce que nous croyons être, celle que nous ont renvoyée dans l'enfance nos parents ou l'école. « Je suis le troisième enfant d'une famille de trois garçons et deux filles, raconte Philippe, 35 ans. Mes parents ne s'intéressaient pas à moi. J'étais moyen en tout : à l'école, dans le sport, dans les jeux. Pour me réaliser, il a fallu que je décide de partir vivre à l'étranger. C'est là que j'ai enfin compris que je faisais tout pour rester dans le sillage de mes frères. » Pour sortir de cette paralysie du désir, il faut s'offrir de nouveaux défis : des petites actions que l'on s'interdit habituellement (parce qu'elles ne sont pas pour nous), mais dont les enjeux restent modestes : partir seul en randonnée avec un groupe, s'inscrire à un cours de dessin ou de danse. Puis peu à peu, avec le plaisir de se découvrir différent de ce que l'on croyait être, on trouvera le courage d'entreprendre des changements plus importants, comme chercher à évoluer professionnellement ou nouer de nouvelles relations sentimentales.

Ce qu'il faut retenir pour mieux gérer son ambition

1. De trop grandes aspirations rendent malheureux...
2. ... mais le manque d'ambition tue le désir de vivre.
3. Plus que de réussir, nous avons beoin d'appartenir au groupe.
4. Ce que nous attendons de la vie évolue avec le temps.

## TEST : Quel ambitieux êtes-vous ?

**1. Si vous pouviez obtenir quelque chose de votre employeur, ce serait...**

A. réaliser une partie de vos tâches en télétravail pour avoir plus de temps pour vous.

B. avoir l'augmentation que vous réclamez depuis longtemps.

C. décrocher un poste et des responsabilités à votre juste valeur.

**2. Pensez-vous savoir exactement ce que vous voulez ?**
A. Rarement.
B. La plupart du temps.
C. Toujours.

**3. Pensez-vous posséder les qualités nécessaires pour obtenir ce que vous voulez ?**
A. Rarement.
B. La plupart du temps.
C. Toujours.

**4. Vous diriez que vos compétences sont...**
A. médiocres.
B. dans la moyenne.
C. supérieures à la normale.

**5. Lorsque votre supérieur vous félicite pour vos résultats...**
A. vous vous défendez. Ce n'était pas grand-chose.
B. vous appréciez cette reconnaissance.
C. vous estimez que c'est la moindre des choses.

**6. Vous passez un examen important, vous pensez...**
A. je n'ai aucune chance ! Je plante tous mes examens.
B. il faut que je donne le meilleur de moi-même.
C. c'est sûr, je vais réussir !

**7. Pour vous l'ambition, c'est...**
A. pas pour vous.
B. synonyme de projet.
C. la route vers le succès et la reconnaissance.

**8. D'après vous, les opportunités sont le fruit...**
A. du hasard et de circonstances sur lesquelles on ne peut agir.

B. de la qualité de nos relations.
C. de nos efforts.

**9. Quand pensez-vous être insatisfait ?**
A. Souvent, mais vous ne pouvez rien y changer.
B. Parfois, mais vous savez pourquoi.
C. Presque toujours. Vous voudriez toujours plus.

**10. Pour vous le compagnon idéal, c'est...**
A. quelqu'un qui ne vous trahira pas.
B. un être qui vous aime.
C. quelqu'un d'influent et de reconnu.

**11. Au lycée, vous mettiez un point d'honneur à être toujours...**
A. au-dessus de la moyenne.
B. parmi les 10 meilleurs.
C. premier de la classe.

**12. Quand vous entreprenez quelque chose de nouveau...**
A. cela ne vous arrive jamais !
B. vous avez un petit pincement au cœur.
C. vous êtes naturellement optimiste.

***Maximum de A : Vous manquez d'ambition***

Gravir les échelons, assumer plus de responsabilités, avoir un plus gros salaire : c'est pour les autres ! Vous n'aimez pas vous mettre en avant et, plus encore, prendre des risques. Vous préférez votre petit train-train quotidien, certes répétitif mais moins dangereux. Vous vous contentez de ce que vous avez, en vous disant que vous n'êtes sans doute pas capable de faire mieux. Parfois, vous vous sentez un peu triste, mais vous ne sauriez pas vraiment dire ce que vous aimeriez changer dans votre vie. Attention, votre manque d'aspiration peut cacher un peu plus qu'une forme de fatalisme : un état dépressif ou une estime de soi qui aurait bien besoin d'être boostée !

### *Maximum de B : Votre ambition est mesurée*

Pour vous, une vie réussie c'est l'équilibre entre plusieurs facteurs : un travail qui vous plaît, une vie familiale riche, du temps pour soi. Vous ne sacrifieriez pas votre vie privée sur l'autel de la réussite sociale et professionnelle. Mais si une opportunité se présente, vous êtes capable de la saisir. Lorsque vous avez des projets, des envies, vous retroussez vos manches et mettez le maximum de chances de votre côté pour les réaliser, sans stress excessif. Vous connaissez vos qualités comme vos limites. En cas d'échec, vous êtes capable de rebondir. Gardez cette attitude positive et constructive, qui vous permettra de progresser et de développer vos talents.

### *Maximum de C : Vous débordez d'ambition*

Aucun objectif ne vous paraît inatteignable ! « Si on veut, on peut » pourrait être votre devise. Vous repoussez sans cesse vos limites, persuadé que vous pourriez faire mieux. Confiant, sûr de vous, vous pensez d'ailleurs que la fin justifie les moyens et ne renoncez jamais. Car seuls la réussite et les résultats vous semblent mériter le respect. Vous êtes parfois hautain, et ne prenez pas de gants pour faire valoir votre point de vue. Vous ignorez les critiques comme les conseils et ne vous fiez qu'à vos propres intuitions. Mais au fond, êtes-vous si sûr d'avoir raison ? En négligeant le point de vue des autres, qu'essayez-vous de protéger ? Et pourquoi avez-vous besoin en permanence d'en faire plus pour prouver votre valeur ?

Il est difficile de vivre sans se préoccuper de ce que notre entourage pense de nous. Mais cette préoccupation naturelle est souvent trop importante : les timides craignent exagérément de se montrer en public, les personnes à basse estime de soi vivent dans l'angoisse d'être exclues, et celles qui affichent un aplomb de façade se protègent par le mépris d'éventuelles remises en question. Cette sensibilité extrême au jugement d'autrui est une source permanente de souffrance. On cherchera, en vain, à renforcer son estime de soi par des évaluations positives externes (des signes de reconnaissance). On ne saura pas s'appuyer sur ses propres évaluations (un système de valeur intériorisé) pour juger ses compétences ou ses performances. La peur du jugement d'autrui est un bon indicateur de la solidité de son estime de soi. Si, de façon habituelle, vous êtes mal à l'aise dans vos relations avec les autres, c'est sans doute que vous manquez de confiance en vous-même. Le travail que vous avez entrepris va vous permettre de vous libérer peu à peu de cette angoisse du rejet et de vivre les relations de façon plus sereine. Vous ne chercherez plus à séduire ni à manipuler, ni à dominer tous ceux qui vous entoureront. Vous sortirez des jeux de pouvoir pour découvrir qu'il est possible d'être accepté sans douleur avec vos singularités et vos limites.

## L'enfer, c'est les autres

« Je me rends compte que je n'arrive pas à avancer, à mûrir, à devenir sociable, car je suis sans arrêt en train de me demander ce que les autres vont penser de moi (dans le sens négatif). Je suis toujours en train de me dire des trucs du genre : on va me trouver moche, on va rire de moi, on va croire que je suis froide, car je n'ose pas aller vers les gens. Je ne supporte pas la critique (même si ce n'est pas dit méchamment, pour moi ça l'est quand même). Bref, entendre des critiques (aussi minimes soient-elles) me fait monter les larmes aux yeux. Alors je ne vis qu'en fonction des autres : j'essaie de me faire le moins possible remarquer et j'évite au maximum les contacts (pas de connaissances : pas de critiques !) », raconte Sophie, 35 ans. La sociophobie – le trouble dont souffre Sophie – est la forme la plus sévère de la timidité. Les psychologues estiment qu'environ 5 % de la population serait atteinte de cette forme d'hypersensibilité au jugement d'autrui. Pour les sociophobes, le contact avec les autres est une épreuve insurmontable. À chaque fois, ils se sentent observés, comme déshabillés par le regard de ceux qu'ils rencontrent, convaincus d'être évalués défavorablement, aussi négativement qu'ils se déprécient eux-mêmes. À l'origine de cette image très dégradée de soi, il y a souvent l'attitude d'un proche ou d'un parent harceleur, moqueur ou extrêmement froid. Les sociophobes ont été profondément inhibés dans l'enfance, pour eux tous les contacts humains sont potentiellement hostiles.

## Visible ou invisible ?

Imaginez que vous êtes dans une salle d'attente que vous ne connaissiez pas auparavant et que des personnes puissent entrer ou passer par plusieurs portes. Comme vous êtes dans un lieu inconnu, l'entrée soudaine de quelqu'un par une porte va attirer votre attention. Mais si vous vous apercevez qu'il y a un certain va-et-vient dans cette salle, comme une secrétaire entrant souvent pour venir chercher ou noter quelque chose, il est fort probable que pris par d'autres pensées vous ne remarquiez plus cette porte qui s'ouvre. Ce même événement qui capturait votre attention au début ne la mobilise plus, parce que vous ne lui accordez plus le même intérêt : vous ne dirigez plus votre attention vers lui. Sauf si vous êtes excessivement timide et craignez les autres. Dans ce cas, chaque entrée dans la salle continuera à attirer votre attention et vous vous sentirez peut-être même observé.

• Le premier type d'attention, celle générée par un événement extérieur, est appelée **attention exogène**. Elle s'émousse avec la fréquence des événements.

• Le deuxième type d'attention est lié à nos idées préconçues (dans cet exemple, la peur des autres). C'est l'**attention endogène**, qui ne diminue pas avec la répétition. Au contraire : plus un événement se répète, plus il conforte nos idées.

Il en est ainsi du regard des gens que vous croisez dans la rue. Si vous ne vous êtes pas autopersuadé (avant même de sortir) que vous serez dévisagé (parce que vous vous sentez mal dans votre peau ou que vous avez changé de coiffure), vous ne les remarquerez pas. En revanche, si vous vous attendez à rencontrer des regards dépréciateurs dès que vous croisez quelqu'un, vous serez convaincu d'être dévisagé en permanence. C'est l'effet Spotlight[1], un phénomène qui nous ferait surévaluer d'au moins 50 % le nombre de gens qui nous regardent. Le même phénomène expliquerait également que plus on s'observe dans la glace, plus on se trouve de défauts physiques. Alors non, tout le monde ne vous regarde pas !

## La tentation du mensonge

Environ 15 % de la population souffre d'un sentiment d'infériorité chronique et la plupart d'entre nous ont eu un jour ou l'autre l'impression d'être « minables ». Le

1. Théodule Ribot, *Psychologie de l'attention*, L'Harmattan, 2007 (réédition).

psychologue Alfred Adler estime que dépasser ce sentiment serait la principale motivation de nos actions sociales. Personne n'aime perdre la face en révélant ses limites et ses points faibles. Nous croyons tous (à tort !) qu'il est anormal de ne pas savoir, d'échouer ou de se tromper, alors nous préférons mentir plutôt que de dévoiler nos lacunes. Or ces petites dissimulations ont un coût psychologique bien plus lourd qu'il n'y paraît. Si, dans un premier temps, elles nous ont semblé moins préjudiciables qu'un échec social (supposé), dans la durée, elles nous rendent nerveux et moins performant. Très vite, tout devient compliqué et insécurisant, car la peur d'être découvert (et le risque encouru en terme d'image) est bien plus fort que la gêne initiale. Pour Christophe André, « beaucoup de menteurs à répétition sont des gens qui doutent qu'on puisse les aimer tels quels, sans enjoliver ce qu'ils sont ou ce qu'ils font ». Pour sortir de cette spirale dangereuse, le psychiatre préconise la posture inverse : l'affirmation de soi négative. Il s'agit de prendre peu à peu l'habitude de dévoiler ses faiblesses, afin de comprendre qu'elles ne présentent pas les risques de rejet social que l'on imaginait. Au contraire, avouer ses limites rend bien plus accessible et suscite naturellement la sympathie des autres. Une étude récente menée par des psychologues américains a démontré qu'il nous était bien plus facile de manifester notre soutien à des personnes en échec ou en difficulté que de nous associer à la victoire de ceux qui réussissent. CQFD !

## Douloureuses critiques

Évidemment, le plus douloureux, ce sont les critiques. En particulier lorsque l'on doute de soi. Pour les personnes à basse estime de soi, la critique est la confirmation des défauts dont elle se croit affublée. Elle se sent profondément blessée et longtemps déprimée par cette

« preuve » supplémentaire de son peu de valeur... et se renferme dans sa coquille. À l'inverse, la personne à fausse haute estime de soi réagit violemment en se mettant en colère et en utilisant ses défenses habituelles : le mépris et le rejet. L'autre est hostile car il est jaloux, envieux ou stupide ! Dans les deux cas, l'individu dont l'estime de soi est fragile va fortement réagir aux propos d'autrui et se replier sur lui-même. La confiance en soi et la susceptibilité sont directement associées : plus la première est fragile, plus la deuxième se manifeste, plus la moindre remarque ou opinion contraire est perçue comme une agression. « Lorsqu'on me critique ou que l'on ne trouve pas que je fais du bon travail, ça me fait mal. Je suis un perfectionniste et je fais toujours de mon mieux, mais on dirait que certaines personnes font exprès de ne pas le voir. Je fais mon maximum, mais pas un merci et on se permet de me dire que ce que je fais n'est pas bien ou on m'ignore tout simplement. Cela me met hors de moi ! », témoigne Renaud, 27 ans. C'est dans le monde du travail que la critique est la plus difficile à accepter, car elle évoque toujours la peur d'un rejet social, le danger du chômage. Les personnes dont l'estime de soi est fragile vont vivre la critique non pas comme l'estimation de leur travail, mais comme un rejet de leur personne. « C'est une distorsion cognitive fréquente : qu'une parole, un geste soient jugés mauvais, et il nous semble que tout ce que nous disons ou faisons l'est », observe Catherine Aimelet-Périssol, psychothérapeute. Ce raccourci s'explique par la pression constante d'une société ultra-compétitive. Depuis l'enfance, nous nous sommes senti évalué au sein de notre famille, puis à l'école et en dernier lieu dans l'entreprise. La reconnaissance professionnelle symbolise souvent notre valeur personnelle. Dès qu'elle est remise en cause, c'est tout notre équilibre qui vacille. Alors prenez désormais du recul, répétez-vous à chaque occasion : on ne critique pas ce que je suis, mais ce que j'ai fait. C'est mon travail qui est remis en cause, pas moi !

**Exercice 1 : Apprendre à recevoir les critiques**

Toute critique négative est un choc émotionnel. Pour sortir de la spirale du rejet et de l'angoisse, il faut prendre du recul et tenter de faire de cette expérience une occasion de progresser.

**1.** Surtout, ne réagissez pas immédiatement. Comptez mentalement jusqu'à 20 en respirant tranquillement avant de répondre. C'est une façon de désamorcer la montée de la colère ou du ressentiment tout en prenant du recul.

**2.** Qui émet cette critique ? Quelqu'un qui vous veut du bien ou quelqu'un qui vous harcèle fréquemment ? Dans les deux cas, choisissez la bienveillance volontaire en ignorant dans un premier temps l'éventuelle hostilité de votre vis-à-vis.

**3.** Que vous apprend cette critique ? Sur la personne qui l'émet ? Sur le contexte ? S'agit-il d'une critique factuelle ou plutôt d'un jugement de valeur ? Essayez de ne pas trop attacher d'importance à la forme. Mais si l'intention de vous blesser est manifeste, ne cachez pas vos sentiments et montrez votre réprobation justifiée : « Je ne peux accepter que tu me parles ainsi… »

**4.** Quelles suggestions y a-t-il derrière cette critique ? Un comportement à faire évoluer ? Un message que vous avez mal communiqué ? N'hésitez pas à reformuler de la manière la plus neutre possible la remarque de votre interlocuteur pour vous assurer que vous en avez bien compris la teneur.

5. Cette critique ne vous semble pas justifiée. Dites-le sans essayer de vous justifier, le plus calmement possible en employant le « je » : « Je ne suis pas d'accord avec toi, mais je peux comprendre que tu aies un autre point de vue… »

6. Cette critique semble justifiée, mais elle vous fait mal. Donnez-vous le temps d'y réfléchir à froid, en analysant les faits. Ce qui est en jeu ici, ce n'est pas votre personne, mais l'un de vos comportements ou de vos choix. Essayez d'imaginer comment éviter qu'une telle erreur se reproduise.

**Des compliments trop encombrants**

Si les critiques sont douloureuses, les félicitations n'en sont pas moins gênantes. Dans les deux cas, il s'agit d'un jugement de l'autre sur soi et le regard d'autrui est dérangeant pour ceux qui souffrent d'un déficit d'estime de soi. Pour les personnes qui ne s'aiment guère, les compliments représentent une vraie torture, car ils contrarient la perception qu'elles ont d'elles-mêmes. Elles souffrent de dissonance cognitive : un état de tension née de l'opposition entre ce que disent les autres et ce qu'elles pensent d'elles-mêmes. La manière dont nos parents nous ont valorisé durant notre enfance joue beaucoup dans notre capacité à accepter le compliment ou non. S'ils ne nous ont jamais félicité, les éloges peuvent nous paraître menaçants, car nous pensons que les autres se trompent dans leur appréciation et nous sommes angoissé à l'idée qu'ils s'en rendent compte un jour. Notre réaction de défense est alors de nier la réalité de ce qui est dit. « J'ai du mal avec les compliments. Beaucoup de mal. Pas l'habitude d'en recevoir, d'une part. Et puis, surtout, beaucoup de mal à y croire. Alors j'ai vite fait de tergiverser... », raconte Andréa, 22 ans. En nous persuadant que les éloges que nous recevons ne peuvent être fondés, nous ne faisons que ménager l'image (même dévalorisée) avec laquelle nous avons l'habitude de vivre. Alors stop à la modestie excessive ! S'entraîner à recevoir des compliments est indispensable à l'amélioration de son estime de soi. En acceptant d'être reconnu positivement, on apprend à se juger moins sévèrement et même, pourquoi pas, à se féliciter parfois de ses succès ! Plutôt que de fuir les compliments, prenez l'habitude de remercier les personnes qui vous en font d'un simple sourire ou d'un sobre merci. Attention ! ceux qui ne supportent pas les compliments sont les mêmes qui ne peuvent dire « Je t'aime » et qui ne supportent pas non plus qu'on les aime...

***Exercice 2 : Accepter les compliments***

Le problème avec les compliments, c'est qu'on ne sait pas toujours comment les prendre. Il est pourtant essentiel de savoir en faire comme de savoir en recevoir. Au travail, en famille, dans les relations amoureuses, on a tous besoin de compliments pour se sentir exister.

1. Commencez par réviser vos idées fausses sur les compliments. Non, accepter les compliments n'est pas prétentieux. Quand ils sont justifiés, ils permettent de s'estimer à sa juste valeur.
2. Lorsque vous faites quelque chose de bien, cessez de vous répéter que c'est normal. La reconnaissance est la contrepartie logique de tout mérite.
3. Pendant une semaine, notez sur un carnet ce que vous répondez (ou faites) dès que quelqu'un vous adresse un compliment, du dragueur dans la rue à votre supérieur hiérarchique.

**4.** Analysez vos notes. Si vous rougissez ou vous sentez embarrassé, c'est le simple fait d'une certaine timidité. Mais si vos réponses sont du type : « Ce n'est rien... », « Tu exagères... », « Mais non pas du tout... », il s'agit d'autodévalorisation. Il faudra désormais proscrire ces réponses automatiques.

**5.** Entraînez-vous dès que vous recevez un compliment à répondre positivement : « Merci ! Ça me fait plaisir », ou souriez simplement. Mais surtout, ne diminuez pas le compliment reçu !

**6.** Et faites des compliments à votre tour ! Les marques d'attention que l'on reçoit et que l'on exprime aux autres sont excellentes pour l'estime de soi et l'harmonie des relations.

Ce qu'il faut retenir pour se libérer du regard des autres

1. Admettre que la peur d'être jugé est un héritage de l'enfance.
2. Comprendre que révéler ses petits défauts n'entraîne pas le rejet social redouté.
3. Savoir se dire « on critique ce que je fais et non ce que je suis ».
4. Accepter les compliments justifiés comme la reconnaissance de son mérite.

## EN FINIR AVEC LE SYNDROME DE L'IMPOSTEUR !

« Je me dis sans arrêt "qu'ils" vont bien finir par se rendre compte que je n'y connais rien, que je suis incapable, que je suis nulle, qu'il me manque tellement de connaissances, que je suis juste un bricolage sur du sable mouvant, comme un collage de papier mâché qui fait illusion, mais c'est vide à l'intérieur ! Que forcément l'illusion ne peut pas durer longtemps, que ça va craquer, chaque jour est un peu de temps gagné, mais me rapproche forcément davantage du jour où ça va fissurer... qu'ils feraient bien mieux de prendre quelqu'un d'autre... Mon entourage n'arrête pas de me complimenter sur mon boulot pourtant... pffff, ça rajoute à la pression ! Quand je réussis une nouvelle mission, je suis satisfaite, bien sûr, mais ça ne dure qu'un temps parce que j'ai tout de suite la sensation de m'enliser encore plus », s'inquiète Céline, 35 ans. Ce sentiment d'imposture qui fait souffrir Céline, c'est celui de tous ceux qui « font semblant » pour défendre leur estime de soi. Parce qu'ils croient à tort depuis toujours qu'il faut être parfait pour être aimé, ils n'ont jamais admis leurs limites ou leur droit à l'erreur. En essayant en permanence de sauver la face, en mentant sur eux-mêmes, ils se sont enfoncés dans le sentiment d'être factices, une simple illusion toujours susceptible de se voir découverte.

## La peur d'être démasqué

Paradoxalement, c'est lorsqu'ils réussissent que les individus à faible estime de soi sont victimes du syndrome de l'imposteur. Ils ont le plus grand mal à s'attribuer les mérites de leur succès : ils s'imaginent devoir leur réussite au travail acharné ou à la chance, mais jamais à leur intelligence ou à leur talent. L'anxiété de performance qui les fait souffrir est alors à son comble. Et peu importe si le succès et la reconnaissance viennent contredire leurs doutes : ils persistent à se croire indûment reconnus pour des qualités qu'ils n'ont pas. « J'ai toujours eu un profond sentiment de mystification. J'ai l'impression que les gens se trompent sur moi, qu'ils m'estiment assez compétent pour faire des choses qui me foutent une trouille terrible, que ce soit à la télévision ou au cinéma. Je prends ça comme un défi, même si j'ai toujours peur que le pot aux roses soit découvert », confiait le talentueux Antoine de

Caunes au magazine *Psychologies* en 2005. Les témoignages de personnes ayant réussi dans leur domaine (scientifiques, artistes, sportifs, etc.) mais persuadées d'usurper leur succès ne manquent pas. Et cette peur irrationnelle d'être démasquées les conduit parfois jusqu'à la dépression.

## Douloureuses promotions

La réaction au succès est un excellent test de notre niveau d'estime de soi. Plus notre estime de soi est solide, mieux nous vivrons les réussites (comme les échecs), sans stress excessif. Mais si nous sommes plutôt enclin à douter de nous, le succès se transformera vite en source d'angoisse : celle d'être tôt ou tard privé de ce que nous pensons ne pas avoir mérité. C'est notamment le cas lors des promotions ou des nominations trop brutales. L'individu se trouve projeté à une place qu'il n'avait jamais envisagé occuper, son angoisse de performance se réactive aussitôt avec douleur. Et c'est souvent à ces moments-là que le syndrome de l'imposteur risque d'avoir des conséquences négatives pour la personne promue et son entreprise. Cela va de l'altération des processus de la pensée jusqu'au cas extrême, l'effondrement intérieur. Mais la plupart du temps, les crises d'anxiété liées à ce « syndrome de l'imposteur » sont temporaires et disparaissent dès que l'on s'est familiarisé avec ses nouvelles fonctions. Au fond, le syndrome de l'imposteur n'est peut-être que le fruit de notre culture européenne où compétition et modestie sont survalorisées. On se doit de réussir, mais jamais de s'en vanter ! Du coup, nous tendrions à limiter, généraliser, dévaloriser nos performances pour nous faire accepter des autres.

## Une hypocrisie bien utile

Ce sentiment de ne pas être à la hauteur a été identifié pour la première fois il y a trente ans par deux psychologues qui ont choisi le terme de « phénomène de l'imposteur ». Dans leur article paru en 1978, Pauline Clance et Suzanne Imes ont décrit des femmes qui, malgré l'accumulation de preuves de réussites (comme des diplômes ou des prix), étaient incapables d'admettre avoir mérité leur succès. Au départ, les chercheuses ont pensé que seules les femmes souffraient de ce trouble : depuis, de nombreuses études ont démontré que les hommes pouvaient eux aussi avoir du mal à vivre la réussite. Les femmes et les hommes n'utiliseraient cependant pas cette stratégie d'évitement de la même façon. D'après les travaux de deux psychologues de l'université Purdue en Indiana, les femmes qui disent en souffrir sont celles qui veulent dissimuler un grand désir de réussite (non assumé), tandis que les hommes concernés en usent pour minimiser le poids de la compétition dans des domaines où ils se sentent plus vulnérables. Ces variations s'expliqueraient sans doute par la répartition sexuée des rôles dans la société. Mais dans les deux cas, ceux qui disent souffrir du syndrome… sont fréquemment eux-mêmes des imposteurs ! Ils utilisent ce comportement comme une stratégie sociale et sont secrètement plus confiants qu'ils ne le laissent paraître. Plutôt subtil, non ?

Ce qu'il faut retenir pour en finir avec le sentiment d'imposture

1. Se libérer de la peur de décevoir les autres.
2. S'interroger sur son obsession de la performance. Pourquoi est-il interdit de perdre ?
3. User modérément de la modestie et savoir se féliciter de ses succès.
4. Jouir des succès d'aujourd'hui, sans penser à demain.

## Évaluer votre tendance au perfectionnisme

Le sentiment d'imposture repose sur un déficit de l'estime de soi, mais il peut être aussi le résultat d'une disposition (parfois inconsciente) au perfectionnisme. Cette volonté toxique de performance peut avoir plusieurs origines : des standards personnels trop élevés, une intolérance aux erreurs, un poids trop lourd des attentes parentales, une propension à douter de vous ou un souci excessif pour les détails.

Ce petit test va vous permettre d'évaluer par vous-même votre besoin de perfection.

Pour chacune des assertions suivantes, répondez en choisissant le terme qui vous correspond le mieux.

**1) Mes parents étaient très exigeants avec moi.**

1. Faux
2. Parfois
3. Assez vrai
4. Souvent vrai
5. Toujours

**2) L'organisation est une chose essentielle pour moi.**

1. Faux
2. Parfois
3. Assez vrai
4. Souvent vrai
5. Toujours

**3) Enfant, j'étais réprimandé pour mes erreurs, même involontaires.**

1. Faux
2. Parfois
3. Assez vrai
4. Souvent vrai
5. Toujours

**4) Si je ne suis pas exigeant avec moi-même, je deviendrai médiocre.**

1. Faux
2. Parfois
3. Assez vrai
4. Souvent vrai
5. Toujours

**5) Mes parents n'ont jamais essayé de me comprendre.**

1. Faux
2. Parfois
3. Assez vrai
4. Souvent vrai
5. Toujours

**6) J'ai besoin de me sentir parfaitement compétent dans tout ce que je fais.**

1. Faux
2. Parfois
3. Assez vrai
4. Souvent vrai
5. Toujours

**7) Je suis une personne très soignée et même un peu maniaque.**

1. Faux
2. Parfois
3. Assez vrai
4. Souvent vrai
5. Toujours

**8) Lorsque j'échoue, je me sens facilement humilié.**

1. Faux
2. Parfois
3. Assez vrai

4. Souvent vrai
5. Toujours

**9) Mes parents exigeaient que je sois le meilleur partout.**
1. Faux
2. Parfois
3. Assez vrai
4. Souvent vrai
5. Toujours

**10) Je me fixe des buts plus élevés que la plupart des gens.**
1. Faux
2. Parfois
3. Assez vrai
4. Souvent vrai
5. Toujours

**11) Je ne supporte pas que les autres réussissent mieux que moi.**
1. Faux
2. Parfois
3. Assez vrai
4. Souvent vrai
5. Toujours

**12) Pour moi, il n'y a pas de petits échecs : soit on réussit, soit on échoue.**
1. Faux
2. Parfois
3. Assez vrai
4. Souvent vrai
5. Toujours

**13) Je ne suis jamais totalement satisfait de ce que je fais.**

1. Faux
2. Parfois
3. Assez vrai
4. Souvent vrai
5. Toujours

**14) J'ai peur que les gens me jugent mal si j'échoue.**

1. Faux
2. Parfois
3. Assez vrai
4. Souvent vrai
5. Toujours

**15) Je ne me suis jamais senti capable de satisfaire mes parents.**

1. Faux
2. Parfois
3. Assez vrai
4. Souvent vrai
5. Toujours

**16) Les autres personnes sont trop facilement contentes d'elles-mêmes.**

1. Faux
2. Parfois
3. Assez vrai
4. Souvent vrai
5. Toujours

**17) Pour se faire respecter, il ne faut pas être pris en faute.**

1. Faux
2. Parfois
3. Assez vrai

4. Souvent vrai
5. Toujours

**18) J'ai habituellement des doutes à propos de choses simples que je fais tous les jours.**
1. Faux
2. Parfois
3. Assez vrai
4. Souvent vrai
5. Toujours

**19) Je prends souvent du retard dans mon travail parce que je ne suis pas complètement satisfait du résultat.**
1. Faux
2. Parfois
3. Assez vrai
4. Souvent vrai
5. Toujours

**20) Je suis persuadé que si je ne faisais plus aucune erreur, les gens me respecteraient et m'apprécieraient davantage.**
1. Faux
2. Parfois
3. Assez vrai
4. Souvent vrai
5. Toujours

**21) Mon besoin de perfection me crée parfois du stress supplémentaire.**
1. Faux
2. Parfois
3. Assez vrai
4. Souvent vrai
5. Toujours

**22) Je pense qu'il est important d'être dur avec soi-même pour progresser.**

1. Faux
2. Parfois
3. Assez vrai
4. Souvent vrai
5. Toujours

**23) J'évite de faire les choses que je ne peux pas faire parfaitement.**

1. Faux
2. Parfois
3. Assez vrai
4. Souvent vrai
5. Toujours

**24) Il me semble souvent que j'aurais dû en faire un peu plus.**

1. Faux
2. Parfois
3. Assez vrai
4. Souvent vrai
5. Toujours

**25) Même lorsque j'échoue partiellement, j'ai tendance à m'en vouloir autant que si j'avais tout raté.**

1. Faux
2. Parfois
3. Assez vrai
4. Souvent vrai
5. Toujours

**26) J'ai tendance à conclure facilement que j'ai échoué dès que ce n'est pas parfait.**

1. Faux

2. Parfois
3. Assez vrai
4. Souvent vrai
5. Toujours

**27) De temps à autre, j'aimerais être moins perfectionniste, mais je crains de me laisser aller.**
1. Faux
2. Parfois
3. Assez vrai
4. Souvent vrai
5. Toujours

**28) J'ai souvent du mal à commencer quelque chose, car ce que je vise devient trop intimidant.**
1. Faux
2. Parfois
3. Assez vrai
4. Souvent vrai
5. Toujours

**29) Je passe tellement de temps à essayer de bien réussir les choses que j'ai du mal à les terminer.**
1. Faux
2. Parfois
3. Assez vrai
4. Souvent vrai
5. Toujours

**30) Peu importe si les autres considèrent que j'ai réussi, en dernière analyse, ce sont mes propres critères de réussite qui sont importants.**
1. Faux
2. Parfois
3. Assez vrai

4. Souvent vrai
5. Toujours

## Résultats

Comptabilisez les points obtenus pour vos différentes réponses et reportez-vous aux résultats suivants.

***Vous avez plus de 90 points : Vous êtes (trop) perfectionniste***

Vous avez tendance à interpréter l'erreur comme un échec et à penser que l'on perd le respect des autres dès que l'on ne réussit pas parfaitement. Vos parents étaient sans doute trop critiques. Ils vous ont convaincu que seule l'excellence était acceptable. Aujourd'hui, vous avez adopté pour vous ce niveau de standards très élevés et il vous fait sans doute souffrir. Vous n'êtes jamais complètement satisfait de vous-même et cherchez anxieusement l'approbation pleine et entière des autres. Organisé, parfois pointilleux, vous vous attachez aux détails. La moindre imperfection vous gâche le plaisir de la réussite. Il est temps de réviser à la baisse vos exigences et d'apprendre à relativiser l'impact réel de vos erreurs sur l'opinion des autres.

## SÉDUIRE SANS COMPLEXE

« Depuis l'adolescence, j'ai d'épouvantables crises d'angoisse dès qu'un homme qui me plaît essaye de me séduire. Je me sens si mal que je suis prise de véritables nausées. J'ai malgré tout réussi à connaître certains hommes compréhensifs et j'ai une vie amoureuse presque normale. Après la phase de drague et le premier baiser, tout va bien. Mais le problème c'est avant ! » témoigne Anna 42 ans. Le moment de la rencontre est d'ordinaire propice aux jeux de séduction, où désir et dérobade s'entremêlent avec délice. Mais pour ceux qui souffrent de problèmes d'estime de soi, le jeu amoureux est une vraie torture. Ils sont envahis par la peur de ne pas être à la hauteur, peur de perdre la face, peur de cet individu qui leur plaît, mais qu'il ne connaisse pas encore. La phase de séduction devient alors un passage insurmontable, qui interdit parfois la rencontre amoureuse. Comment moi, qui ne m'aime pas, pourrais-je plaire à l'autre ? Sans compter les différences d'appréciation entre les deux sexes : les hommes et les femmes ne voient pas la même chose ! « L'homme se pâme devant l'allure d'une femme globalement séduisante, alors que la femme détecte immédiatement le détail qui tue », s'amuse le psychiatre Patrick Lemoine. Pour dépasser sa peur de séduire (ou d'être séduit), il faudrait pouvoir accepter de... déplaire, être assez sûr de soi pour ne pas se sentir dévalorisé en cas de rejet.

## Si tarte en ce miroir...

Mais en réalité, tout dépend de notre sexe, affirment les psychiatres François Lelord et Christophe André ! Le niveau de confiance en son pouvoir de séduction jouerait en sens inverse dans la rencontre amoureuse selon que l'on est une femme ou un homme. Ces messieurs ont besoin de se sentir irrésistibles pour oser aborder celles qui leur plaisent. *A contrario,* les femmes sont d'autant plus réceptives qu'elles se sentent vulnérables. La plupart de vos amies vous le diront, elles ont rencontré l'homme de leur vie le jour où tout allait mal : problème de boulot, de famille, coup de blues, mine défaite et sérieux mal de crâne ! Pour vos copains, c'est en revanche lorsqu'ils se sentaient le plus forts (après l'annonce d'une promotion ou d'une bonne performance) qu'ils ont abordé celle dont il rêvait, convaincus de bénéficier d'un coup de pouce de la providence ! En somme, plus on est jolie, brillante et sûre de soi, plus on a de chance de rester seule. Voilà une conclusion qui devrait bousculer nombre d'idées reçues ! Les deux psychiatres vont plus loin et suggèrent un petit subterfuge aux entremetteurs amateurs. Si vous avez l'intention de présenter deux vieux amis célibataires au cours d'une soirée que vous organisez, glissez discrètement une remarque valorisante à l'un (« Dis donc vieux, tu es en grande forme ce soir ! ») et un poil vacharde à l'autre (« Ma chérie, il y a quelque chose qui ne va pas dans ton maquillage. Tu devrais vérifier dans la salle de bains... »), puis présentez les deux cœurs solitaires. Les conditions d'une rencontre prometteuse seraient ainsi optimales.

**Le partenaire idéal**

Certes dans la rencontre amoureuse, les rôles sont moins sexués aujourd'hui qu'ils ne l'étaient autrefois. Les femmes font souvent le premier pas et les hommes en sont ravis. Néanmoins, les psycho-évolutionnistes persistent à voir dans nos comportements amoureux l'héritage de la vie des premiers hominidés. Pour que l'espèce humaine, alors répartie en petits îlots dispersés, survive durant ces périodes de grands dangers, la sélection naturelle a fortement joué son rôle. Seuls les plus malins, les plus forts et les plus adaptés s'en sont sortis et nous en sommes les lointains descendants. Ainsi, pour garantir la transmission des gènes, les stratégies des deux sexes ont énormément divergé : l'homme, qui ne porte pas sa descendance et dépend des femmes pour cela, est programmé pour multiplier les actes sexuels. Il choisit ses partenaires assez jeunes afin de s'assurer qu'elles sont fertiles. Les femmes de leur côté porteront cet enfant dans leur ventre puis dans leurs bras durant de longs mois, elles se savent plus vulnérables et ont besoin de la protection des hommes pour nourrir leur petit. Elles ne s'offrent donc pas si facilement et cherchent une relation durable, de préférence avec un homme mûr au statut enviable. Nos attirances instinctives varieraient donc selon nos objectifs du moment : ainsi, les femmes seraient plus attirées par les hommes très virils (poilus, musclés et à la mâchoire carrée) lorsqu'elles cherchent une simple aventure sexuelle. En revanche, elles se tourneraient vers des hommes aux traits plus féminins (signes de douceur) pour créer une relation plus durable (et faire des enfants) ! Deux psychologues américains, Terry Pettijohn et Brian Jungeberg, sont même allés plus loin : ils ont démontré qu'il existait un lien étroit entre la silhouette idéale des femmes dans l'imaginaire masculin et la conjoncture économique. Pour cela, ils ont minutieusement étudié les couvertures de *Playboy* entre les années 1960 et 2000. Ils ont alors constaté qu'en périodes fastes, les préférences des hommes vont vers des femmes plus jeunes, plus petites, plus fines, alors que lorsque les temps sont durs, les playmates mises en avant sont plus âgées, plus grandes, dotées d'une taille plus large. Les deux chercheurs en ont conclu que selon les époques, les hommes cherchaient soit un partenaire économique (au physique plus masculin), soit une appétissante créature susceptible d'être la mère de leurs enfants.

## Un de perdu, dix de retrouvés ![1]

Hum ! pas facile d'y voir clair… Au fond, le vieil adage qui prétend que « tous les goûts sont dans la nature » semble être le seul qui vaille. Non seulement nous ne recherchons pas tous la même chose, mais nos attirances varient en fonction de nos objectifs. Alors faut-il vraiment

1. *Hommes, femmes, l'évolution des différences sexuelles humaines*, David C. Geary, De Boeck.

dramatiser le fait de ne pas plaire ce jour-là à cette personne-là ? Car si le rejet est toujours douloureux et frustrant, la plupart du temps, il ne se base que sur de simples apparences : critères physiques, statut social, aisance naturelle... Nous n'avons pas eu la possibilité de faire valoir nos véritables qualités. Une autre occasion se présentera qui nous sera plus favorable. L'essentiel semble de commencer par faire la paix avec soi. Plus nous aurons repris confiance en nous-même, moins nous serons obsédé par les défauts de l'autre, moins nous essaierons de combler une blessure narcissique par un compagnon idéal (et inaccessible !). Nous pourrons alors nous investir dans l'entretien d'un lien riche et léger avec la personne que nous croiserons. Et celui ou celle que nous rencontrerons deviendra peu à peu l'homme ou la femme de notre vie. Les psychologues s'accordent à dire que parmi les attributs comportementaux essentiels pour les deux sexes dans la recherche d'un partenaire figurent la gentillesse, la bienveillance et l'intelligence. Des qualités bien loin des critères esthétiques ou de statut social auxquels on fait le plus souvent référence !

**Reçu 5 sur 5**

À vous de jouer désormais, la séduction est un sport moins dangereux qu'il n'y paraît. Et inutile de vous astreindre à un régime strict ou à de nombreuses séances de musculation, votre silhouette est loin d'être votre meilleur atout. Dans le processus de séduction, le visage tient le premier rôle : regard et sourire effectuent un subtil codage (pour une grande part instinctif) qui informe sur les intentions et la réceptivité de l'individu : « Tu me plais ; tu ne me plais pas. » C'est ainsi que l'on perçoit les informations non verbales indispensables au jeu amoureux. Sans l'autorisation implicite d'approcher que constitue un sourire, aucun prétendant ne tentera sa chance. Le regard ne doit être ni trop direct ni trop insistant. S'il dure plus de quatre secondes, il est ressenti comme agressif. Et une étude menée par des psychologues à l'université de Hanovre a démontré qu'un regard était d'autant plus captivant qu'il ne se tournait qu'indirectement vers le sujet observé. La timidité serait-elle un argument de séduction ? À l'évidence, aucun des deux sexes n'aime être abordé trop directement. Enfin, la beauté est loin d'être seule en cause dans l'attirance que l'on a pour l'autre. La tenue vestimentaire – en exprimant qui l'on est (suffisamment soignée pour suggérer que vous souhaitez plaire) et assez naturelle (pour dire je reste moi-même et je suis accessible) – en assurerait une grande part. Enfin, dernier élément clé dans notre aptitude à séduire selon Stéphane, fondateur de Spike Séduction... savoir exactement ce qui nous plaît chez l'autre avant d'aller plus loin : « La première question à se poser, c'est pourquoi une personne vous plaît, au-delà de ses qualités physiques. N'abordez-la que lorsque vous avez la réponse. » C'est seulement à ce moment-là que vous donnerez à l'autre le sentiment de vous intéresser vraiment à lui, et peut-être même de l'avoir compris. CQFD !

## 5 conseils pour « réapprendre » à séduire

**1.** Tout le monde peut séduire, affirme Stéphane de Spike Séduction. Enfant, nous avions cette aptitude naturelle, il nous suffit de la retrouver.

**2.** Notre allure (et nos tenues vestimentaires) dit ce que nous sommes. Attention aux messages négatifs (trop décalés, provocants ou hostiles) que nous renvoyons.

**3.** Multiplier les contacts et aller vers les autres est notre meilleur atout pour rencontrer celui ou celle qui nous plaira... À condition de ne pas confondre

« idéal narcissique » et relation valorisante. L'homme ou la femme de votre vie habite tout près de chez vous !

**4**. Comprendre que la séduction n'est pas forcément quelque chose de sérieux, ce n'est qu'un jeu où perdre n'a rien d'humiliant.

**5.** Renoncer à vouloir plaire à tout le monde en se consacrant uniquement à ceux qui n'attendaient... que vous !

## SE VOIR TEL QUE L'ON EST

« On se trompe toujours, ou à peu près toujours, lorsqu'on veut se juger soi-même. Surtout dans les situations où l'estime de soi est en jeu », prévient Christophe André. Or c'est justement là que le bât blesse pour ceux qui ne s'aiment pas. Ils croient être lucides sur eux-mêmes, mais n'ont en réalité qu'une vision floue et même tronquée de leurs qualités et surtout de leurs limites. Car, affirme le psychiatre, notre capacité à nous juger est inversement proportionnelle à notre estime de soi : plus on doute de soi, moins on se connaît ! « Je me sens transparente. Je n'ose jamais prendre la parole en réunion. Au bureau, personne ne me propose de déjeuner avec moi. Il faut dire que je n'ai pas de conversation, je ne sais pas quoi dire... Je trouve tous les autres tellement sûrs d'eux. Ils prennent facilement des décisions, savent ce qu'il faut faire et ne pas faire. Moi j'ai peur de me tromper. Je travaille dix fois plus et je ne suis jamais satisfaite de mon travail. » Comme la plupart des personnes à basse estime de soi, Élise souffre d'un manque de discernement sur elle-même : elle ne voit que ses défauts, vit la comparaison avec ses collègues comme une humiliation. Depuis toujours, elle confond regard sur soi et jugement sévère. Ce qu'elle prend pour de la clairvoyance n'est rien d'autre qu'une vision dégradée d'elle-même, héritée de l'enfance et de parents sans doute trop exigeants.

## Faire taire le critique intérieur

En psychothérapie, on nomme « critique intérieur » cette petite voix qui suit partout ceux qui doutent d'eux-mêmes et ne cesse de les harceler : « Encore raté, tu es nul » ; « Cette fois-ci tu as eu de la chance, mais cela ne va durer » ; « Tu ne pourras jamais t'en sortir » ; « Cela ne marchera pas » ; etc. Cette autocritique permanente qu'ils confondent avec l'honnêteté intoxique leur vision de la réalité. À travers ce prisme déformant, toujours négatif, les personnes comme Élise intègrent l'insatisfaction de soi comme une fatalité. Leurs échecs sont prévisibles, leurs réussites dues à la chance ou simplement provisoires. Cette autosuggestion négative obéit à une logique de perfectionnisme douloureuse et inefficace. Elle peut parfois les aider à atteindre certains objectifs précis, mais globalement elle ne les aide pas à progresser. Le doute de soi paralyse plus qu'il ne motive. Il génère du stress, une humeur irritable et morose qui nuit aux performances de l'individu. En d'autres termes, l'estime de soi et le rendement, qu'ils soient faibles ou élevés, se renforcent mutuellement. Plus mon estime de soi est basse, moins je serai efficace. Moins je suis efficace, plus mon estime de soi est basse. Aïe !

## Les comparaisons toxiques

« Je me compare tout le temps aux autres. Parfois à "moins bien", mais le plus souvent à mieux que moi. À moins bien quand je suis première de ma classe par exemple ou que je me trouve mieux que telle fille physiquement... À mieux pour les mêmes choses, mais dans le sens inverse... Je ne peux pas m'en empêcher ! Par exemple, je me compare à l'ex de mon chéri (enfin, je l'imagine, car je ne la connais pas) et je me dis qu'elle est forcément mieux que moi ! » reconnaît Noémie, 16 ans. Si les tendances à la comparaison sociale sont si fortes, c'est que celle-ci fait partie intégrante de nos apprentissages. Enfant, nous avons grandi en observant les autres (parents, frères, sœurs, enseignants, etc.). C'est à partir de ces modèles pris comme tels (ou comme anti-modèles) que nous nous sommes forgé notre propre personnalité. Arrivé à l'âge adulte, les réflexes de comparaison avec nos pairs ne disparaissent pas : nous cherchons toujours à nous situer dans le groupe auquel nous appartenons. Pour les personnes à haute estime de soi, la comparaison agit comme une motivation à progresser. Elles ne s'intéressent qu'à ceux qui font mieux et tentent de les imiter. Les personnes à basse estime de soi, à l'inverse, se focalisent sur les modèles négatifs, qui les incitent à adopter des comportements de prévention. Aucune de ces deux attitudes n'est préjudiciable en soi, le problème viendrait plutôt d'un excès dans leur pratique. En effet, plus on se compare, plus on serait assailli de pensées négatives : regrets, culpabilité, insatisfaction, angoisses… Il est vrai qu'entre comparaison et compétition, il n'y a qu'un pas, trop vite franchi et délétère pour notre bonheur.

## Pourquoi tant de haine ?

« Lorsqu'une personne qui a une mauvaise estime de soi arrive quelque part, elle se demande quelle impression elle va faire, quelle image les autres vont avoir d'elle. À l'inverse, une personne qui a une bonne estime de soi se dira : "Tiens, qu'y a-t-il d'intéressant à faire ? Y a-t-il des gens sympas à rencontrer ?" Elle sera tournée vers la réalisation d'elle-même et non vers la promotion ou la protection de sa personne », souligne Christophe André. Le temps consacré à douter de soi est tout simplement…

perdu ! L'obsession de soi et de ses défauts est tout sauf utile. Ce mal-être nous enferme dans des comportements d'autoconfirmation de nos croyances négatives et nous interdit d'évoluer.

1 – Je suis inintéressant parce que ceci, cela (image négative).

2 – Je ne m'approche pas et même je fuis les autres de peur d'être jugé (retrait).

3 – Les autres m'ignorent ou se moquent de moi (réaction).

4 – J'ai raison, je suis nul puisqu'ils me rejettent (confirmation) !

C'est le système autorenforçant de scénario (aussi nommé « circuit du sentiment parasite ») décrypté par les psychothérapeutes américains Richard Erskine et Marilyn Zalcman. Pour mettre fin à l'engrenage, il faut affronter directement ses complexes sans chercher à les compenser par telle ou telle autre qualité. Pourquoi je crois ceci ou cela ? Qui ou quoi m'a mis cette idée en tête ? Me suis-je vraiment donné les moyens de confirmer ou d'infirmer cette idée tenace ? Au fond, ce maladroit, cet indécis ou ce piètre orateur que vous croyez être n'est peut-être qu'une illusion négative. Un conditionnement que vous entretenez à tort depuis des années ! La première étape pour se débarrasser de ces convictions néfastes pourrait bien être… de les ignorer tout bonnement. Avant d'agir, ne vous posez plus de questions et lorsqu'une situation vous met mal à l'aise, hâtez-vous de ne rien… en conclure ! Notez les faits sur un petit carnet et vos premières impressions, puis avec le recul nécessaire, revenez sur vos conclusions précipitées et vos interprétations initiales. Essayez de voir les choses d'une manière plus neutre. Si les autres ne viennent pas vers vous, c'est peut-être parce que vous ne souriez pas, ne vous approchez jamais d'eux. Si cette personne vous a répondu d'un ton sec, c'est peut-être qu'elle était énervée ou pressée et non qu'elle vous en voulait. En vous forçant à la bienveillance et à la neutralité envers vous-même, vous apprendrez peu à peu à vous respecter et à voir les choses telles qu'elles sont.

## S'accepter imparfait

Mais de quoi a-t-on peur exactement en laissant tomber le masque que l'on porte depuis si longtemps ? De découvrir quelqu'un de banal, de médiocre même, incapable de satisfaire ceux (parents, enseignants, amis) à qui nous voulions plaire ? On ne choisit ni ses « talents » ni ses défauts. « Il n'y a donc ni fierté ni culpabilité à avoir quand nous découvrons ce que nous sommes », rassure l'écrivain Véronique Desjardins. Il faut sortir de l'obsession de vouloir ressembler à un modèle, de correspondre à une personne qui n'est pas nous et cesser d'avoir honte de ne pas y parvenir. Le « Connais-toi toi-même » de Socrate n'a pas d'autres objectifs : c'est en connaissant réellement ses qualités et ses limites que l'on peut valoriser au mieux les dons que l'on a reçus, faire notre « devoir » d'humanité. Et c'est en acceptant notre part obscure que nous pouvons véritablement progresser. « La fameuse connaissance de soi suppose l'intégration de tous les aspects de notre réalité actuelle, ceux que nous aimons et ceux que nous n'aimons pas, mais également ceux que nous ne connaissons pas encore », renchérit Véronique Desjardins. L'ensemble des enseignements des philosophies orientales va dans ce sens : celui d'une acceptation pleine et entière de sa propre réalité. Les bouddhistes considèrent les traits de la personnalité comme des faits dont il ne faut ni rougir ni avoir peur. La vie se charge de nous les révéler peu à peu. En les accueillant sans angoisse, on consent à se voir tel que l'on est, on peut travailler sur soi et devenir meilleur si on le souhaite. Mais pour cela, il faut aussi accepter de traverser des périodes sombres où la vision de soi est dégradée : parce que l'on vient de subir un choc, une perte, un deuil, on perd confiance en soi, on ne sait plus qui on est. Certaines phases de notre vie sont et seront difficiles, il n'y a aucune conclusion à en tirer. Si l'épisode ne se prolonge pas trop longtemps, le plus sage est de faire le dos rond. Dans le cas contraire, le soutien d'un thérapeute peut s'avérer nécessaire.

**Savoir écouter les autres**

Et puisque le jugement des autres est si essentiel, pourquoi ne pas prêter attention aux compliments qu'ils vous adressent ? Dans le regard et la parole des autres, il y a mille occasions de trouver du réconfort. À condition d'entendre (enfin !) ce que disent vraiment les gens autour de vous : vos proches, vos collègues et vos amis vous approuvent bien plus souvent que vous ne l'imaginez. Et il ne s'agit pas de viles flatteries ! Lorsqu'ils vous affirment « Mais non, tu n'avais pas l'air empotée » ou « J'ai trouvé ta présentation très claire », ils ne cherchent pas forcément à vous faire plaisir ou à vous rassurer : ils expriment sans doute réellement ce qu'ils pensent ! Commencez à reprogrammer votre écoute en réglant le niveau sonore sur « compliment » et non sur « critique ». S'il le faut, ayez recours à une méthode imparable : notez TOUTES les remarques de la journée, bonnes et mauvaises, avec le plus de précision possible. C'est-à-dire les paroles prononcées et non ce que vous avez cru entendre ou deviner. Une bonne fois pour toutes, renoncez à vous considérer comme totalement inapte : c'est une conviction absurde qu'il va falloir déprogrammer.

Ce qu'il faut retenir pour se voir tel que l'on est

1. Comprendre que l'on se trompe toujours lorsque l'on se juge soi-même.
2. Éviter le plus possible de se comparer aux autres, en mal comme en bien.
3. Ne jamais interpréter trop vite (en particulier en négatif) les attitudes des autres à notre égard.
4. Écouter de la manière la plus neutre possible ce que disent les autres de nous.
5. Accepter ses défauts ou ses limites comme des faits avec lesquels il faut vivre sans en être chagriné ou honteux.

## Mini test : À votre avis, que signifie s'accepter tel que l'on est ?

Parmi ces 10 affirmations, indiquez celles qui vous paraissent VRAIES.

Plusieurs réponses sont possibles.

1) Un conseil marqué par la sagesse et le bon sens.
2) Une façon de se montrer lucide et réaliste.
3) Ne pas se voiler la face.
4) Une preuve de modestie et d'humilité.
5) Une preuve de grande confiance en soi.
6) Le propre des personnes qui se sous-estiment et qui n'ont pas confiance en elles-mêmes.
7) Le propre des personnes qui ont la « grosse tête » et qui se surestiment.
8) Un conseil à ne surtout pas suivre.
9) Un conseil à suivre absolument.
10) Un conseil aberrant, contraire au simple bon sens et aux principes de la psychologie la plus élémentaire.

***Les réponses que vous avez choisies sont entre 1 et 5 :***

Vous avez une bonne vision de l'acceptation de soi. Vous avez compris qu'il s'agissait d'une étape indispensable pour nous permettre de mieux nous connaître et de vivre pleinement.

***Les réponses que vous avez choisies sont entre 6 et 10 :***

Vous confondez acceptation de soi et résignation ou autosatisfaction. Interrogez-vous sur les raisons profondes qui vous interdisent de vous accepter. D'où vient cette voix intérieure qui critique et juge sans arrêt ? Quels dangers y aurait-il à vous accepter tel que vous êtes ?

## DEVENIR PARENT À SON TOUR

Pour les jeunes parents, les interrogations s'accumulent : quel doit être le rôle de père et mère ? Que veut-on transmettre ? Comment gérer le passage de deux à trois dans son couple ou comment élever seul son enfant ? Que veut dire « éduquer » ? Qu'est-ce que l'autorité ? Est-elle nécessaire à l'enfant ? Amour et autorité sont-ils compatibles ? Si les émotions que véhiculent la maternité et la paternité sont intemporelles, ce que les jeunes mères et les jeunes pères vivent aujourd'hui est radicalement différent de ce que leurs parents ont connu. Les repères sont bousculés. Pour toutes ces questions, il n'existe plus de réponse type. Les modèles traditionnels ont laissé la place à une vision de plus en plus individuelle de la structure familiale et de l'éducation. Chacun se doit de définir, en fonction de son parcours et de sa situation, son propre code de valeurs, ses propres règles. La question n'est plus de reproduire des modèles parentaux, mais d'innover dans un contexte de changement des rôles et des fonctions qui, jusque dans la deuxième moitié du XX$^{e}$ siècle, allaient de soi.

## Savoir trouver des soutiens

Le contrôle des naissances et la réduction du nombre d'enfants par famille ont entraîné un surinvestissement du rôle de parent. Au fil du temps, un changement fondamental s'est opéré. Avant, il suffisait d'être géniteur pour se sentir parent et être vu comme tel. Mais depuis que des notions comme la parentalité ou le désir d'enfant ont été valorisées, pour être parent, « il faut, en plus, avoir exprimé un fort désir d'enfant, devenir la source de toute l'alimentation affective de son enfant, faire les meilleurs choix éducatifs pour lui », souligne la psychologue Monique Meyfroet... Une pression d'excellence qui conduit à la peur permanente de ne pas être à la hauteur. D'autant que la dispersion des familles et le relâchement des liens sociaux isolent de plus en plus. On ne peut plus guère s'appuyer sur l'expérience de ses proches ou trouver du réconfort dans sa famille. Le succès considérable des forums de discussion consacrés aux différents sujets liés à l'éducation et à la santé des enfants s'explique par ce besoin d'entraide mutuelle. Les mères et les pères d'aujourd'hui y échangent les conseils et l'écoute dont ils ont tant besoin. Le fait d'entendre les témoignages d'autres parents les aide à se sentir moins seuls devant leurs frustrations. Les associations d'aide à la parentalité poursuivent le même but. Car être parent n'a rien d'inné ni de facile. Lors d'une enquête nationale qu'elle a menée auprès de quelque mille six cents mères et pères canadiens, la fondation Investir dans l'enfance a découvert que plus les parents possèdent des connaissances approfondies concernant le développement des enfants, plus ils se sentent confiants dans leur rôle parental et plus ils ont de chances d'avoir des interactions positives, efficaces et tolérantes avec leurs jeunes enfants. Le fameux instinct maternel (ou paternel) censé nous indiquer la voie à suivre en toute circonstance n'existe tout simplement pas ! Il est normal de douter et de ne pas savoir quoi faire. Le métier de parent est un apprentissage qui se poursuit tout au long de la vie.

## Une mère suffisamment bonne

Dans cette obligation de réussite, ce sont les mères qui subissent la pression la plus forte. Comment concilier carrière professionnelle et maternité sans culpabiliser ? Il n'est pas facile pour elles de jongler entre un emploi du temps surchargé et la nécessité d'assurer un rôle de maman dévouée ! D'autant que la multiplication des théories relatives à l'enfant a de quoi donner le tournis, tout comme la nécessité de composer avec les innombrables messages contradictoires des spécialistes. Les mères d'aujourd'hui ont intégré l'idée qu'elles devaient être entièrement investies, passionnément altruistes et immensément disponibles. Qui leur a mis ce perfectionnisme en tête ? Un peu tout le monde, accuse la philosophe Élisabeth Badinter[1], depuis les pédopsychiatres martelant la longue liste des besoins naturels du petit enfant jusqu'aux défenseurs de l'allaitement au sein en passant par les médecins et les puéricultrices, de plus en plus rétifs au bon vieux biberon. Au foyer ou dans la vie active, le concept de mère parfaite est pourtant une absurdité. Loin de ces débats destructeurs pour la confiance en soi des jeunes mamans, le célèbre pédiatre britannique Alfred Winnicott nous rappelle que la maman idéale ne doit pas l'être… trop ! Si les parents comblent tous les besoins de l'enfant avant qu'ils ne se présentent, cela ne laisse pas à

1. Élisabeth Badinter, *Le Conflit, la femme et la mère*, Flammarion, 2010.

celui-ci l'occasion d'éprouver du désir. Or c'est l'épreuve du manque, la frustration justement, qui pousse à agir, qui conduit vers l'autonomie. L'enfant doit apprendre à être soi, tout seul, en présence de l'autre, sans l'intrusion de sa mère. La maman qui travaille n'a décidément aucune raison de craindre d'être une... mauvaise mère !

## Transmettre la confiance en soi

Au fond, l'essentiel du rôle de parent peut se résumer en quelques mots : soutenir les efforts de ses enfants, sans les juger ! La confiance en soi s'apprend et se renforce au quotidien dès le plus jeune âge et les parents y contribuent pour une grande part. Un enfant a besoin d'être encouragé, félicité mais aussi orienté dans ses questionnements. Pour cela, il n'est pas nécessaire d'être toujours disponible ou à l'écoute, mais d'être le plus positif possible. En valorisant par exemple toutes les « bonnes actions » qu'il aura réalisées : tu as bien rangé ta chambre, ton dessin est magnifique, tu as été courageux chez le médecin, etc. Pour développer la confiance de son enfant, il faut lui faire confiance en le laissant expérimenter, se tromper, recommencer à chaque nouvelle étape... sans le pousser et si possible sans l'aider. Et n'hésitez pas à le féliciter à chaque tentative (réussie ou non !). Mais attention à ne pas forcer le trait, l'excès d'éloges comme les critiques excessives conduisent à la passivité. Votre enfant est une personne complexe, encore en devenir. Ne l'enfermez pas dans un rôle, même involontairement, en lui attribuant des traits de caractère trop définitif – « Ce n'est pas un intellectuel, l'école ce n'est pas son truc » – pour la simple raison qu'il ne correspond pas à vos attentes ou se comporte différemment de ses frères ou sœurs. Votre enfant a le droit de ne pas être celui que vous attendez... et de changer ! Soyez toujours le plus objectif possible en jugeant ses actes et non sa personne. Ne dites pas « tu es nul en math », mais « tu t'es trompé en faisant cet exercice. Recommence encore une fois, tu vas y arriver ». Plus vous le respecterez comme un individu à part entière, capable de faire ses propres choix, d'exprimer ses sentiments (y compris s'ils sont différents des vôtres), plus vous l'aiderez à s'affirmer en tant que personne, et à progresser en confiance !

## 5 conseils pour reprendre le travail après un congé maternité... sans culpabiliser

**1.** Acceptez qu'avec l'arrivée de votre enfant, votre équilibre personnel et professionnel soit bouleversé. Il vous faudra redéfinir vos priorités sans vouloir en faire trop.

**2.** La gestion du temps est au cœur de la problématique des jeunes parents. Pas question de reprendre le travail si vous n'avez pas choisi un système de garde qui vous sécurise. Prenez le temps de mettre en place l'organisation qui vous libérera l'esprit.

**3.** Ne culpabilisez pas de consacrer moins de temps à votre enfant. Ce qu'on vit au travail contribue à enrichir la relation avec son enfant, et ce qu'il vit à la garderie l'aide à s'épanouir. Voir un parent qui va travailler avec le sourire est bien plus équilibrant pour un enfant que de passer du temps à la maison, avec une maman qui s'ennuie.

**4.** Ne coupez pas complètement le cordon avec l'entreprise. Cela vous aidera à ne pas être trop déphasée lors de la reprise et à protéger votre confiance dans vos compétences professionnelles.

**5.** Prenez soin de vous avant de reprendre le travail ! Pendant des mois, vous vous êtes consacrée à votre vie de mère, il est temps de retrouver votre vie de femme, de vous choyer, de vous offrir de nouvelles robes.

## Stop à la culpabilité maternelle !

Plus que jamais, le spectre de la mère parfaite plane au-dessus de nos têtes : celle qui prépare de bons petits plats, qui joue souvent avec ses enfants, qui ne travaille pas trop pour passer davantage de temps avec eux, qui ne crie ni ne s'énerve jamais... Mais impossible de ressembler à cette super maman. Alors à chaque fois que nos petits paraissent frustrés ou déçus, nous nous sentons coupable. Ah ! la culpabilité maternelle ! Est-il seulement possible de s'en débarrasser ? C'est un peu comme si pour le bonheur d'être mère, nous devions payer le prix fort : se sentir toujours plus ou moins... mauvaise ou incapable ! Les spécialistes voient l'origine de ce sentiment masochiste dans la prise de conscience au cours de la grossesse de l'écrasante responsabilité maternelle. La mère réalise alors à quel point elle est vitale pour son enfant et, après la naissance, les choses ne s'arrangent guère ! Allaitement, sommeil, dépistage des maladies, la plupart de ses points essentiels à la survie de son petit lui échoient. Ce « surcroît » de responsabilités est un terreau très fertile pour la culpabilité. D'autant que l'entourage, loin de soulager la mère anxieuse, ajoute souvent sa pierre à l'édifice en l'abreuvant de conseils (théoriquement) bien intentionnés : « Tu ne devrais pas lui donner de petits pots, ils sont pleins de conservateurs », « Tu es sûre que cette nounou est vraiment bien », « Attention à ne pas trop lui donner à manger, il y a de plus en plus d'enfants obèses ! », etc. Pour éviter cette culpabilisation permanente, il faut fermer ses oreilles et établir ses propres priorités (sans trop en rajouter) en s'arrangeant pour que le quotidien les reflète le plus possible. Une bonne organisation permet de sortir de l'impression de courir en permanence et d'être incompétente. On prend l'habitude de s'appuyer sur les autres (papa, parents, amis) : « Je fais ça, tu fais ça et ça… et je m'y tiens. » Ensuite, on ne se pose plus de question… enfin on essaie.

## Témoignages

« Être maman, c'est culpabiliser pour le restant de ses jours ! Je lis dans les forums des tonnes de messages de mamans qui se sentent coupables de tout… et de rien. Et moi je suis pareille : pas envie de jouer ? Mauvaise mère me dis-je ! Je m'énerve parce que ma choupette a décidé que le déjeuner prendrait trente minutes et qu'on mangerait la tête en bas ; mauvaise mère !

Bref, un rien est prétexte à culpabiliser, quoi…

On en est toutes là ? Non, parce qu'on ne m'avait pas prévenue de ça, moi. Les nuits, je savais, les couches, je savais, mais pas ça… ! » Annie, 32 ans.

« Pendant mon congé maternité, j'ai trouvé le temps affreusement long. J'ai une voiture, mais c'était l'hiver, alors je n'osais pas sortir trop souvent. Je passais mes journées à la maison avec le bébé, j'allais faire les courses et quelques petites commissions, mais jamais plus… Et comme mon mari a un travail très prenant, mes journées et mes soirées étaient assez solitaires. Je m'ennuyais horriblement et je me sentais coupable de ne pas m'éclater à pouponner toute la journée ! Finalement, j'ai recommencé à travailler la semaine passée et je suis très contente ! Oui, c'est la course le matin et cela demande plus d'organisation, mais je n'en pouvais plus. Avant de reprendre, je me sentais coupable d'avoir si hâte de retourner au bureau et de travailler, mais j'ai vraiment besoin de me sentir EFFICACE en temps que FEMME et pas seulement en temps que MÈRE. C'est bien beau de développer une efficacité inouïe pour faire le ménage, les lessives et la bouffe, mais j'avais besoin de quelque chose de plus ! Et même si j'ai parfois un petit pincement au cœur en pensant que ma puce va peut-être faire ses premiers pas à la garderie et non avec moi, je surmonte ça parce que je ne me sentais pas prête à être "mère au foyer". » Marie, 28 ans.

## Maternité, travail et confiance en soi

Avec 2,07 enfants par femme, les Françaises sont les championnes d'Europe de la maternité. Un chiffre qui est à mettre en parallèle avec celui du taux de travail à temps complet avec un enfant en bas âge, lui aussi le plus élevé d'Europe. Si les Françaises font tant d'enfants, c'est que la société française ne porte pas de jugement négatif sur les mères qui travaillent (à la différence de l'Allemagne ou de l'Italie). Les femmes se sentent le droit de mener ces deux projets de front et cela leur donne confiance en elles (et l'envie d'enfanter) ! Seules 10 % des Françaises choisissent de ne pas avoir d'enfant, contre 17 % des Anglaises et 29 % des Allemandes. Mais attention, les choses pourraient changer ! Élisabeth Badinter, comme beaucoup de féministes, dénoncent la montée en puissance des thèses naturalistes en vogue aujourd'hui, qui renvoient une image rétrograde de la maternité : mère au foyer, allaitante et dévouée. Un inquiétant retour en arrière.

L'entreprise n'est pas seulement une entité économique, c'est aussi et surtout un instrument de socialisation, le premier d'entre eux. À ce titre, elle produit un monde de symboles et un univers relationnel qui permettent à l'individu de se créer une identité, de définir un sens à son action. Avec la scolarité, le travail que l'on fait (et le statut qui lui est associé) est le deuxième grand élément structurant de notre estime de soi. L'image qu'il renvoie de nous-même renforce ou non notre confiance en soi et donc notre capacité à agir. Mais parfois, c'est l'absence de confiance en soi qui devient en elle-même un handicap. La peur de déplaire ou les doutes sur soi sont tels qu'ils empêchent d'assumer pleinement ses tâches. « Mon problème est que je suis incapable d'aborder mes supérieurs sereinement. Quand ils s'adressent à moi, je bafouille, je cherche mes mots, je suis prête à inventer des réponses histoire de dire quelque chose, j'ai du mal à me positionner, à avoir un avis franc. Je perds donc tous mes moyens, ils le ressentent et j'ai l'impression de perdre petit à petit leur confiance », explique Virginie, 34 ans. Le cercle vicieux de la dépréciation de soi est alors enclenché : le manque de confiance en soi ne permet pas de répondre aux attentes des autres. Et le jugement négatif (supposé) qu'ils portent sur la qualité de notre travail aggrave notre manque de confiance.

## Le poids du cursus scolaire

Il est vrai qu'à l'entrée dans la vie active, nous ne sommes pas tous égaux. Les étudiants qui sortent des grandes écoles (et décrochent souvent les meilleurs emplois) sont aussi ceux qui possèdent la plus grande confiance en soi. Cette confiance a été fortement développée lors de leur cursus, grâce à une pédagogie participative, par le biais d'actions, d'engagements dans divers projets individuels et en équipe, d'investissement dans différentes associations... Ils ont été également confortés par la renommée de l'école et le sentiment d'appartenance à une communauté – processus d'affiliation – qui se forge au-delà du diplôme, *via* les associations d'anciens et *via* des codes partagés : vestimentaires, langagiers, matériels... À l'inverse, les étudiants qui ont suivi un cursus universitaire moins prestigieux ont dû construire eux-mêmes leurs actions et leurs rencontres, sans que cela soit organisé. Ils se sont « débrouillés » seuls en tâtonnant, par essais et erreurs, et cela a pu fragiliser ou freiner la construction de leur confiance en soi. Pour autant, le reste de leur parcours professionnel n'est pas déterminé. La volonté personnelle (ou des attentes parentales positives) peut tout changer et redistribuer les cartes en leur faveur. Bertrand Bergier et Ginette Francequin[1] ont étudié les parcours atypiques de ceux qui ont réussi alors que l'échec scolaire les destinait au déclassement social. Leurs témoins ont redoublé deux à cinq fois entre la maternelle et le bac, ils ont été orientés vers des cycles courts : sixième de transition, CPPN, CAP, BEP, ils ont parfois été rétrogradés ou ont décroché. Leur entourage n'imaginait pas qu'ils puissent « aller loin », voire les déclarait « incapables », « nuls », « inaptes aux études ». Et pourtant, ces « mauvais » élèves ont tous validé au minimum un second cycle de l'enseignement supérieur : ici une maîtrise en sciences de la vie et de la terre, en lettres et arts, là un troisième cycle en sciences humaines et sociales ou en droit, ou encore ils sont devenus ingénieurs, médecins, avocats... À un moment de leur parcours, ils ont voulu prendre leur revanche et ont mobilisé ce qu'il fallait d'énergie pour reconquérir leur vie. Voilà de quoi battre en brèche les

1. Bertrand Bergier, Ginette Francequin *La Revanche scolaire, des élèves multiredoublants, relégués, devenus superdiplômés*, Érès, 2005.

idées toutes faites sur la destinée des cancres à l'école. La confiance en soi peut se reconstruire à n'importe quel moment de la vie. Au bout de quelques années, entre les surdiplômés et les autres, il n'y a plus guère de différence !

## Pour en finir avec le stress au travail

Dans les nombreux stages et formations qui lui sont consacrés, la gestion du stress est le plus souvent associée à la restauration de la confiance en soi. Il est vrai que les deux phénomènes interagissent directement. Le stress est la réaction biologique normale d'adaptation de notre organisme à une situation nouvelle : par exemple, ce matin vous devez prendre la parole devant une assemblée de cadres de votre entreprise pour présenter le nouveau plan des ressources humaines. Il est normal que vous soyez stressé (mains moites, estomac noué, battements cardiaques accélérés). Ces manifestations diverses préparent votre organisme à faire face à un défi (potentiellement anxiogène). Elles ne sont pas des handicaps, mais un moyen de défense tant physiologique que cognitif destiné à vous aider à retrouver votre... équilibre interne ! Eh oui, le stress, à condition qu'il reste modéré et de courte durée, peut être bénéfique ! Il vous permet de donner le meilleur de vous-même et de sortir de la fosse aux lions (l'assemblée de ce matin) à peu près indemne ! Il en est différemment lorsque les perturbations sont trop intenses et trop répétées. Dans ce cas, le stress a des effets délétères sur notre santé et notre psychisme. Or c'est souvent le cas dans le monde du travail aujourd'hui. Les pressions multiples, les changements permanents, la surenchère des objectifs individuels perturbent trop fréquemment notre équilibre émotionnel (et même physique pour ceux qui se déplacent beaucoup). Cet excès de sollicitations installe un état de stress permanent qui, loin de jouer un rôle mobilisateur, nous paralyse et nous fait douter. On ne se sent plus capable de faire face, un phénomène connu sous le nom de *coping*. La chute de notre confiance en soi ne fait alors qu'aggraver notre état de stress, qui dégénère en trouble anxieux. Comment sortir de cette spirale infernale ? Il existe des centaines de méthodes de relaxation et autres techniques permettant de mieux gérer son stress. Il y en a sans doute une qui vous conviendra. Mais plutôt que de lutter contre les effets du stress, les spécialistes conseillent de les prévenir en adoptant une bonne hygiène de vie : manger et dormir correctement, s'accorder des temps de repos et de pause réguliers, ne plus consommer d'excitants comme le tabac ou le café, pratiquer une activité physique, entretenir des relations sociales (en évitant de déjeuner derrière son ordinateur par exemple !) et apprendre à dire non. Trop, c'est trop !

## Qu'est-ce que le *burnout* ?

Environ 16 % des personnes en activité souffriraient aujourd'hui d'épuisement professionnel, ce que les anglophones appellent le *burnout*. Ce syndrome psychologique se manifeste par un épuisement émotionnel, une perte d'engagement et d'efficacité au travail, et finalement une autodévalorisation. Il frappe en premier lieu les personnalités, très axées sur la compétition, volontaires, dynamiques et avides de reconnaissance qui sont peu soucieuses de leur hygiène de vie. Il s'explique essentiellement par des causes sociales : des conditions d'organisation et des relations entre employeurs et employés de plus en plus tendues. Le burnout commence par une phase de stress intense, puis la personne perd tout entrain et toute motivation pour son travail. Une fatigue chronique s'installe accompagnée de tensions psychologiques et physiques, voire de dépression. La personne s'enferme alors dans le silence, sans chercher de soutien. Plusieurs facteurs entraîneraient le développement du burnout dans les entreprises : l'alourdissement des tâches et l'allongement des horaires de travail, un environnement en constant changement (délocalisation, mutation, etc.), le sentiment diffus de perte de contrôle (on ne sait plus à quoi on sert exactement et on subit son emploi plus qu'on ne l'exerce). Moins les individus jouissent d'autonomie, plus ils sont exposés au burnout. C'est aussi vrai des situations de souffrance au travail de type harcèlement, ou plus grave encore, des épidémies de suicide qui ont défrayé la chronique de grandes entreprises. Le phénomène de burnout est en pleine expansion et représente déjà un coût très lourd pour la société.

## Le salut est dans la mobilité !

Le saviez-vous ? Il suffit de cinq petits jours en moyenne pour que 90 % des managers classent définitivement leurs subordonnés en deux catégories : les compétents d'un côté et les nuls de l'autre (les *in* et les *out*) ! C'est ce qu'ont découvert deux chercheurs enseignants à l'INSEAD, Jean-François Manzoni et Jean-Louis Barsoux, en réalisant trois mille entretiens auprès de cadres et d'ingénieurs de différents pays et secteurs professionnels. Leur constat est effrayant : non seulement un collaborateur étiqueté « out » ne peut jamais remonter la pente, mais pire encore, les critères qui déclenchent cette catégorisation sont étonnamment superficiels. Une simple maladresse, une remarque désobligeante d'un tiers, un petit oubli suffisent à rétrograder dans le groupe des « inférieurs ». Les conséquences en sont désastreuses. Une fois leur opinion forgée, les supérieurs hiérarchiques ne révisent jamais leur appréciation, or tout leur système de management en dépend. Peu à peu, les membres du groupe « out » perdent confiance. Se sentant mal jugés et dévalorisés, ils perdent leur motivation, font des erreurs et finissent par ressembler peu ou prou à l'image que leur supérieur a d'eux : ils deviennent mauvais. Si décidément les choses se sont mal enclenchées pour vous depuis que vous êtes dans ce service ou cette entreprise, vous savez ce qu'il vous reste à faire : non pas vous échiner à reconquérir l'estime de supérieurs définitivement inatteignables quoi que vous fassiez, mais changer de job ! Oui l'herbe sera plus verte ailleurs, à condition de ne pas « trébucher » pendant votre période d'essai.

## Et si vous faisiez un bilan de compétences ?

Vous doutez de vous en permanence ? Vous ne vous sentez pas à votre place et vous aimeriez changer de métier pour être enfin en paix avec vous-même ? Le bilan de compétences est fait pour vous. Peu importe vos motivations, cet instrument sera l'occasion de faire un état des lieux de vos savoirs, de vos savoir-faire ainsi que de votre savoir-être. Il peut déboucher sur un projet d'emploi, de création d'entreprise, de formation...

Si vous décidez de faire un bilan de compétences, trois modes de financement sont possibles.

1. Le plan de formation de votre entreprise : renseignez-vous auprès de votre DRH. Votre entreprise peut utiliser les fonds dédiés à la formation pour financer un bilan.
2. Le Fongecif : si vous répondez à des conditions d'ancienneté spécifique, selon votre type de contrat CDI, CDD ou intérim, vous pouvez solliciter le financement d'un congé bilan de compétences auprès du Fongecif ou d'un autre organisme paritaire agréé selon le secteur d'activité, le FAF-TT pour les intérimaires par exemple.
3. Enfin, vous pouvez décider de financer vous-même un bilan de compétences auprès de l'organisme de votre choix. Comptez autour de mille euros dans ce cas.

Les bilans de compétences peuvent être réalisés dans un centre interinstitutionnel de bilan de compétences, un cabinet de conseil en recrutement, un organisme de formation ou même certaines associations spécialisées. Les Fongecif ou les organismes paritaires agréés habilitent les centres susceptibles de recevoir des personnes financées par eux. Vous pouvez consulter leurs listes pour obtenir des adresses.

Les méthodes employées par les centres varient d'un organisme à l'autre, mais le bilan comprend habituellement des séries d'entretiens individuels et des tests de personnalité.

## Un besoin éperdu de reconnaissance

On l'a vu, l'image positive que nous avons de nous-même dépend (pour partie) du regard, des jugements et des comportements d'autrui à notre égard. C'est la raison pour laquelle nous restons toujours en attente de reconnaissance dans les interactions sociales. Pour le philosophe Axel Honneth, ce besoin de reconnaissance prendrait trois formes de rapport positif à soi, eux-mêmes distribués dans trois sphères sociales distinctes. La première sphère est celle de l'intimité. La reconnaissance y passe par l'amour et l'amitié, lesquels rendent possible la « confiance en soi » (l'amour de soi), c'est-à-dire la conscience de sa valeur en tant qu'être humain (aimable). La deuxième sphère porte sur les relations juridiques. La reconnaissance dépend alors des droits qui nous sont attribués, permettant le « respect de soi », à la liberté dont nous disposons au sein du groupe auquel nous appartenons. La dernière sphère concerne la contribution de nos activités individuelles au bien de la société. La reconnaissance y a pour conséquence l'« estime de soi », entendue comme la conviction de notre utilité sociale. Mais parfois, ces différentes sphères broient les individus par déni de reconnaissance… c'est l'expérience de la marginalité, de l'injustice sociale. On pense au sentiment d'exclusion des chômeurs de longue durée, aux situations de souffrance au travail (génératrice de stress et parfois de dépression allant jusqu'au suicide). Dans ces situations extrêmes, le rapport négatif à soi se transforme en honte : l'individu s'attribue la responsabilité de la situation dans laquelle il se trouve, s'identifie lui-même à un « raté » ou à un « bon à rien ». Cette expérience du rejet social (réel ou fantasmé) est particulièrement destructrice. Elle nécessite bien souvent le soutien d'un thérapeute (ou d'une structure d'aide) pour sortir de la logique d'autoconviction négative qui aggrave la situation (réelle) dans laquelle on se trouve.

Source : *E. Renault, L'Expérience de l'injustice. Reconnaissance et clinique de l'injustice,* La Découverte, 2004.

## Mini programme pour retrouver la confiance en soi au travail

La confiance en soi est un atout précieux dans la vie professionnelle. Elle permet de mieux saisir les opportunités qui se présentent et de faire face aux responsabilités quotidiennes. Voici quelques conseils afin de la reconquérir :

**1.** Pour être confiant, il faut se sentir bien dans sa peau. Offrez-vous du temps pour vous : des pauses régulières, une activité physique à l'heure du déjeuner et une… nouvelle garde-robe ! En étant élégant et soigné, non seulement vous améliorez votre estime de vous, mais vous influencez aussi favorablement votre entourage.

**2.** Soignez votre posture, tenez-vous droit et regardez l'autre droit dans les yeux quand vous vous adressez à lui. La posture et l'attitude modifieront la relation à autrui et vous gagnerez en confiance.

**3.** Cultivez votre optimisme ! Arrêtez de voir le verre à moitié vide plutôt qu'à moitié plein ! Essayez de vous concentrer sur les éléments positifs et faites la chasse aux idées noires qui polluent votre esprit. L'optimisme développe les capacités à gérer les situations difficiles.

**4.** Célébrez vos réussites (en vous faisant des petits cadeaux) et sachez tirer des enseignements de vos échecs, sans les dramatiser.

**5.** Fixez-vous des buts et des objectifs à atteindre : notez-les sur un carnet ou sur une feuille de façon à les visualiser tous les jours. Sans trop vouloir en faire !

**6.** Apprenez à vous écouter ! La confiance dépend des expériences vécues. Elle baisse lorsque l'on n'arrive pas à faire face aux difficultés et remonte lorsque l'on se montre capable d'en sortir. Apprenez à utiliser votre peur ou votre stress comme un signal d'alerte. Si vous ne sentez pas ce dossier, c'est qu'il y a danger. Tenez-en compte et sachez dire… non.

**7.** Cessez de vous comparer aux autres à tout propos ! Ne vous dévalorisez pas sous prétexte que vos performances sont inférieures à celles de vos collègues. La qualité de votre travail ne dit rien sur ce que vous valez en tant qu'être humain. C'est une tâche à accomplir, rien de plus !

**8.** Misez sur le collectif. La société ultra-individualiste dans laquelle nous vivons est peut-être déjà une idée dépassée. L'apparition des réseaux sociaux – Facebook en tête –, des blogs, des encyclopédies participatives en ligne – comme Wikipédia – ou des gadgets mobiles – comme l'iPhone ou les ordinateurs portables – nous offre une possibilité inédite de réinventer le monde, sur un mode plus égalitaire et plus participatif. Les entreprises commencent à le comprendre.

## Bien-être et efficacité au travail[1]

Le 17 février 2010, Henri Lachmann, président du conseil de surveillance de Schneider Electric, Muriel Pénicaud, DRH de Danone, et Christian Larose, vice-président du Conseil économique, social et environnemental (CGT) remettaient un rapport au gouvernement sur les problèmes liés au stress et au mal-être en entreprise. Les épidémies de suicide et l'inflation de l'absentéisme y sont sans doute pour beaucoup. Les politiques se sont émus de la dégradation des conditions de travail en entreprise et ont demandé à un comité d'experts de définir les modalités en termes d'organisation nécessaires à la prévention du stress. L'ensemble de ces propositions vise à mieux prendre en compte les risques psychosociaux en renvoyant à la collectivité (l'entreprise, l'État) sa responsabilité sur la souffrance au travail, considérée à tort depuis deux décennies comme une affaire strictement individuelle, celle du salarié.

1. En savoir plus : *Bien-être et efficacité au travail : 10 propositions pour améliorer la santé psychologique au travail*, rapport fait à la demande du Premier ministre, février 2010.

**1.** L'implication de la direction générale et de son conseil d'administration est indispensable à une véritable prise en compte des problèmes de stress.

**2.** La santé des salariés est d'abord l'affaire des managers (leur responsabilité directe), elle ne s'externalise pas. Ils doivent donc se former à la gestion des risques psychosociaux.

**3.** L'entreprise se doit de donner aux salariés les moyens de se réaliser dans le travail (respect et dignité).

**4.** Il est nécessaire d'impliquer les partenaires sociaux dans la construction des conditions de santé au travail.

**5.** La mesure (régulière) de la santé psychologique des salariés est une condition de son amélioration. Des baromètres et autres méthodes de sondage doivent être mis en place.

**6.** Il faut préparer et former les managers à leur rôle de manager. La maîtrise d'un savoir technique ne suffit pas.

**7.** On ne peut réduire le collectif de travail à une addition d'individus. Il faut redonner du sens au groupe (appartenance, solidarité, etc.).

**8.** Il faut anticiper et prendre en compte l'impact humain dans les changements d'organisation.

**9.** La santé au travail ne se limite pas aux frontières de l'entreprise.

**10.** Il ne faut jamais laisser le salarié seul face à ses problèmes (solidarité collective).

**Témoignage : Lucie 25 ans – Le cercle vicieux de la perte de confiance**

« J'ai commencé mon travail actuel il y a trois mois. J'ai quitté un autre poste qui ne me convenait pas pour venir où je suis. Je suis réceptionniste pour la saison (dans une station de ski). J'ai été formée, environ une journée et demie (en binôme avec mes collègues), soit un mardi après-midi et un mercredi, et j'ai commencé seule un jeudi. J'étais plutôt paumée, j'ai dû apprendre beaucoup sur le tas. Au bout de dix jours, j'ai été sermonnée par mon directeur, car j'avais fait quelques erreurs de facturation (sans gravité), et j'avais oublié de préparer les arrivées du lendemain. Je l'ai mal pris, je me suis sentie complètement déstabilisée. Il m'a dit qu'il fallait "s'y mettre", car on n'était pas encore dans la période de forte affluence. Les choses se sont arrangées durant les deux semaines qui ont suivi, puis mon directeur m'a repris de nouveau en me montrant une nouvelle erreur (devant tout le monde). Elle était elle aussi sans gravité, mais il a déclaré qu'avec moi "les erreurs, c'était tous les jours". Puis ce fut au tour de la chef de réception de me faire des reproches. Elle m'a expliqué qu'à chaque fois, mes oublis alourdissaient le travail de mes collègues qui devaient prendre le relais, le lendemain ou l'après-midi. Elle m'a dit qu'elle ne comprenait pas ces défaillances, que la charge de travail n'était pas si lourde. Et avant-hier soir, j'ai à nouveau oublié d'enregistrer des réservations. Je me sens mal. Je ne sais plus comment me sortir de cette accumulation d'erreurs. J'ai l'impression que je me suis mis énormément la pression ; je stresse facilement et le fait d'avoir été reprise deux fois par mon boss et ma chef de réception sur ces "erreurs" ne m'aide pas vraiment. J'ai complètement perdu confiance en moi, j'ai l'impression d'être le boulet de la bande. De plus, je me sens assez seule dans ce boulot : bien que mes collègues soient sympas, ils se connaissent tous depuis l'ouverture de l'hôtel. Moi, je suis arrivée comme un cheveu sur la soupe et je ressasse ça sans arrêt, je ne me sens pas intégrée et mes erreurs, mes bêtises n'arrangeront rien puisqu'une de mes collègues adore médire sur les autres et tout le monde au boulot sait que je fais “sans cesse” des erreurs. Je préfère au final m'isoler pour ne pas parler boulot avec eux à cause des nombreuses erreurs. Pourtant, je sais que c'est un cercle vicieux, car le manque de concentration que j'ai, plus mon stress et mes erreurs entraînent encore des erreurs et du stress ! Et ce n'est pas un poste facile, je suis leur troisième réceptionniste (une est partie en raison de la charge de travail, l'autre a été virée, car elle faisait des erreurs et ne savait pas parler au client). Et pourtant, j'adore ce boulot ! »

## REBONDIR APRÈS L'ÉCHEC

Et si l'échec était le dernier VRAI tabou de notre monde contemporain ? Les hommes politiques, les artistes ou les entrepreneurs qui parlent de leurs erreurs ou de leurs déconvenues ne sont guère nombreux. Personne n'aime être un perdant ! Et pourtant, l'échec est un élément indispensable à notre processus d'apprentissage. Daniel Borel, le cofondateur de Logitech (une multinationale du monde high-tech), y voit même la base de toute entreprise durable : « On n'apprend que de ses échecs, rarement de ses succès. Le succès peut être votre pire ennemi : il vous fait croire que vous êtes fort, très fort, que vous pourriez même marcher sur les eaux. Et c'est à ce moment-là que vous vous noyez. »

Car accepter l'échec implique d'abandonner l'idée que tout dépend de notre propre volonté pour reconnaître humblement que le monde environnant, les autres, les circonstances sur lesquelles nous n'avons pas de prise, décident également de notre destinée. Nous ne sommes ni tout-puissant ni omniscient ! Et cette humilité ne conduit pas à la passivité, bien au contraire, elle permet d'accepter ses défaillances, les mauvaises décisions, les erreurs de parcours que nous vivons inévitablement... et de passer à l'action !

## Échecs, regrets et remords

Mais comment font ceux qui semblent ne pas souffrir de leurs défaites ? Ils ont sans doute conscience qu'elles sont en partie inévitables. On ne peut gagner à tous les coups ! La meilleure façon d'affronter la vie et de renforcer son estime de soi est d'augmenter sa tolérance à l'échec. Moins on craint de se « planter », moins on ressasse ses erreurs et plus on passe à autre chose. Sur le long terme, une attitude un peu aventureuse non seulement développe la confiance en soi, mais protège de regrets amers. Il vaut mieux se reprocher une action malheureuse qu'une opportunité « ratée ». Le temps qui passe fait évoluer nos sentiments : ce qui nous fait souffrir dans l'immédiat, ce sont nos erreurs de jugement, nos échecs, mais à plus long terme, ce sont nos intentions non concrétisées qui nous torturent le plus. Car « l'inaction est plus insidieuse, souligne le psychiatre Christophe André, certains mécanismes tendent à amplifier la douleur des regrets liés à l'inaction. [...] alors que les conséquences d'une action regrettable sont identifiables et limitées, celles d'une non-action sont infinies. » Comme, il est impossible d'effectuer toujours les bons choix, il vaut mieux multiplier les tentatives et se satisfaire avec sagesse des résultats, mêmes médiocres, de ses actions que de ne rien faire. La satisfaction apportée par le sentiment d'agir sur sa vie est bien plus essentielle à l'estime de soi que celle de ne jamais échouer.

## L'illusion du bon choix

D'ailleurs, le concept de « bon choix » n'est en fait qu'une illusion rétrospective. La plupart du temps, les situations sont trop complexes pour que l'on dispose de tous les éléments d'appréciation. Ce n'est qu'après coup qu'une grande partie des facteurs apparaissent. À l'instant T, on ne se trompe pas davantage en optant pour A que pour B, car la plupart des événements qui transformeront notre décision en bonne ou en mauvaise surprise n'interviendront que plus tard. Personne ne peut les deviner *a priori*. Donc pas la peine de se morfondre en regrets inutiles si les choses tournent mal ; mieux vaut s'adapter et corriger le tir. C'est ainsi qu'agissent ceux qui disposent d'une bonne estime de soi. Faites-en de même. Le véritable piège réside dans l'entêtement : parce que vous avez choisi telle option, vous vous sentez engagé et vous persistez malgré les difficultés pour justifier votre choix initial. Les psychosociologues appellent cela le « processus de l'engagement ». Au nom de la sacro-sainte cohérence, on s'enferre dans des situations calamiteuses, mariage malheureux, profession assommante, etc. Le secret de ceux qui réussissent est sans doute de savoir accepter leurs échecs et de se permettre de... changer d'avis !

## Douloureuses obstinations

Hélas ! certains, malgré les épreuves et les échecs successifs, sont incapables de renoncer ! Les psychiatres parlent alors d'« idéalopathie » : les rêves qu'ils caressent ne sont plus des moteurs, mais de véritables pièges qui les tyrannisent. « Tout se joue entre le "je souhaite" et le "je dois" », précisent Christophe André et François Lelord. Tant qu'il s'agit d'un désir, d'un idéal à atteindre, l'échec est acceptable : si l'on ne parvient pas à ses fins, on changera son fusil d'épaule et on se trouvera d'autres objectifs. Mais si le projet est impératif, transmis inconsciemment ou non par sa famille : l'impossibilité de réussir se transformera en sentiment de honte. Les modèles poursuivis sont devenus trop rigides et trop exigeants pour laisser une place à la vraie vie, à l'individu lui-même. Attention à la dépression ! Si vous vous sentez profondément humilié par la remise en cause de certains de vos projets, il est peut-être temps de commencer une thérapie. La honte que vous ressentez ne s'enracine pas dans l'impression d'avoir mal agi (il s'agirait là de culpabilité), mais dans le sentiment d'être indigne du respect, de l'affection de ceux dont vous portez, sans l'avoir vraiment choisi, les attentes trop élevées. Il est temps de choisir vous-même votre destin !

### Humble ou optimiste ?

« L'humilité est l'antichambre de toutes les perfections », affirmait Marcel Aymé. L'humilité est aussi la preuve d'une grande maturité psychologique et le meilleur des antidotes contre la douleur de l'échec. En acceptant ses limites, on jette le masque protecteur des complexes pour se regarder sans se dévaloriser. On avance tête haute sans chercher à s'humilier. Mais ce n'est peut-être pas la seule voie pour relativiser la souffrance de l'échec. Les optimistes invétérés ont leur truc à eux, encore plus efficace si l'on en croit les psychosociologues : ils oublieraient leurs erreurs ! Lauren Alloy, de l'université Temple, à Philadelphie, et Lyn Abramson, de l'université du Winsconsin, ont relevé cette tendance à l'autoduperie grâce une petite expérience. Elles ont truqué les résultats d'une série de jeux en attribuant de bons scores arbitraires à certains participants. Ceux qui étaient d'humeur positive n'y ont vu que du feu. À l'inverse, les sujets plus moroses ont décelé la supercherie. Des conclusions similaires sont apparues dans plusieurs études. Les personnalités pessimistes (et même dépressives) seraient plus conscientes de certains faits ou comportements à leur égard que les autres. La lucidité n'est peut-être pas en fin de compte une qualité si précieuse... pour notre bonheur !

## Faire face au rejet

En matière d'échec, tous les domaines ne se valent pas. L'échec professionnel est un drame social qui peut conduire à la marginalisation et parfois à la dépression. L'échec amoureux est plus complexe, il touche à la sphère intime, mais exclut également de la norme, celle qui veut que chaque adulte vive en couple.

« Je ne suis pas encore divorcée (en cours) et déjà je ressens plusieurs sentiments mélangés : culpabilité, honte, je n'ose pas sortir, car je me dis que tout le monde le sait ou que c'est écrit sur mon front... Alors que je ne suis pas à l'origine de cette rupture ! Je me demande si ça va passer ! J'angoisse beaucoup et me demande quel va être mon avenir ? » s'inquiète Élise, 45 ans. Les déboires sentimentaux bouleversent notre vie quotidienne, mais ils détruisent aussi notre estime de soi. Comment peut-on encore s'aimer quand l'autre ne vous aime plus ? Comment retrouver la force de faire face, de continuer à vivre ? Et peu importe si la relation était difficile ou chaotique, la séparation est toujours vécue comme un drame. Pour la philosophe Arouna Lipschitz, la rupture amoureuse est pourtant bien plus qu'un coup du sort, c'est l'occasion d'un enseignement qui permet de passer de l'échec au renouveau. Pour cela, elle conseille de se récapituler son histoire : pourquoi est-on tombé amoureux ? Qu'est-ce qui n'a pas marché ? Qu'est-ce qui nous a manqué ? Une fois cette première analyse effectuée, il faut dresser un constat et s'efforcer de dédramatiser : à quoi sert de regretter quelque chose qui a échoué ? En sortant du cercle vicieux des reproches et des regrets, on peut alors commencer à changer ce qui nous gênait, greffer un nouveau comportement sur de vieilles habitudes. Et pour aller de l'avant, on ne doit pas s'encombrer d'une amertume ou d'une rancune inutile : il faut sortir de l'idée de la faute et de la culpabilité. Il n'y a pas eu faute, mais expérience partagée. On en gardera si possible de bons souvenirs, on oubliera la souffrance, mais pas les leçons utiles à notre bonheur. Sans omettre de dire merci à celui qui, involontairement, nous a aidé à grandir !

**Témoignage : Paula, 31 ans**

« J'ai vécu il y a deux ans une rupture amoureuse très difficile. Après six ans d'une relation houleuse, l'homme de ma vie de l'époque m'a lâchement quittée en ne me donnant aucune nouvelle. C'est même moi qui ai dû appeler pour savoir ce qui se passait. Aujourd'hui ça me fait rire, mais sur le coup, je peux vous assurer que ce n'est pas une partie de plaisir. Et lui de me dire "ça ne marche pas, désolé". C'est ce qu'on dit après deux semaines et non après six ans ! J'ai accepté cette rupture, car il m'avait fait le coup trois fois auparavant. Je ne vous cache pas que j'ai espéré qu'il revienne... mais je n'ai pas rappelé une seule fois, ni souhaité le voir face à face, car j'étais fatiguée, fatiguée d'une relation où je vivais constamment dans la peur de le perdre...

Moralement, on ne se rend pas compte, mais c'est très dur. Bref, j'ai pris mon courage à deux mains et je lui ai dit de sortir de ma vie définitivement. Rester amis était impossible, car je l'aimais encore, du moins, c'est ce que je pensais à l'époque. Ma vie ne tournait qu'autour de lui : j'y pensais tout le temps, je l'attendais, j'encaissais les faux plans, etc. Bref, une vraie mauviette. J'étais dépendante à cent pour cent. Ce que j'ai oublié de préciser, c'est qu'il était marié. Il me disait toujours qu'il allait quitter sa femme et évidemment il ne se passait rien. Je m'en suis voulu longtemps de m'être accrochée éperdument alors qu'avec le recul, je me dis que c'était inévitable. Aujourd'hui, il est toujours marié et j'espère qu'il est heureux (c'est sincère, mais ça ne l'a pas été pendant longtemps). C'est la première fois que je raconte mon histoire, ça fait du bien ! Mais le but premier de ce message est de vous dire à toutes et à tous qui vivez en ce moment une rupture difficile que l'on peut s'en sortir très bien. À présent, j'ai envie de lui dire merci d'être parti, car je suis libre de cette souffrance. Je ne suis plus du tout la même personne qu'il y a deux ans : je suis épanouie. J'ai rencontré des gens formidables qui sont devenus des amis avec qui je peux être moi, tout simplement. Je me suis rendu compte que je n'étais pas heureuse avec lui. Maintenant je sors, je m'amuse, je ris, je suis sereine. Je ne passe plus tout mon temps à l'attendre et ça fait du bien. J'ai cru mourir quand il est parti. Pour moi, ma vie s'arrêtait. En fait, ça a été une renaissance personnelle. Gardez l'espoir, car tout ce qui arrive après c'est du bonheur, du vrai. Quand on se libère de cette dépendance affective, on devient plus fort, plus tenace, c'est une victoire personnelle contre soi. Le seul problème, c'est que ça prend du temps, car les blessures sont là et elles ne se referment pas facilement. Depuis cette rupture, je suis célibataire, mais une célibataire heureuse. J'ai eu quelques petites histoires, mais rien de très sérieux. Il faut dire que je ne le veux pas non plus. J'ai trop peur de souffrir, alors je ne m'attache plus. Mais je ne désespère pas. Je préfère me construire seule et heureuse plutôt qu'accompagnée et malheureuse. Ici aussi, j'attends que le temps fasse son travail pour que je puisse un jour ne plus associer l'amour à la souffrance et refaire confiance à quelqu'un. »

## 10 conseils pour surmonter un échec… et rebondir !

**1.** Ne fuyez pas la réalité de l'échec ! Inutile de nier vos sentiments, ils n'en seraient que plus encombrants.

Il est important de laisser sortir toutes les émotions, de la colère à la tristesse, pour appréhender la situation plus sereinement.

**2.** Le premier choc encaissé, essayez de prendre du recul et d'analyser le déroulé des événements qui vous ont conduit jusque-là. Vous ne ferez plus les mêmes erreurs à l'avenir si vous savez tirer les enseignements de cet échec.

**3.** Ne vous laissez pas démotiver sous prétexte qu'il y a des risques à prendre des décisions et à agir. Allez de l'avant et efforcez-vous d'avoir confiance en vous. C'est la carte secrète des optimistes ; ils relativisent l'importance de leurs échecs, ce qui leur permet de ne pas laisser passer les opportunités.

**4.** Entourez-vous de personnes positives. Elles vous aideront à surmonter les émotions négatives qui peuvent accompagner l'échec. Mais ne renoncez pas pour autant à votre libre arbitre. Faites le tri dans les conseils et sachez trouver ce qui est bien pour vous.

**5.** Redéfinissez vos futurs objectifs. Vous avez peut-être échoué en mettant la barre trop haut ? Pensez à définir un plan d'action par petites étapes, chaque étape semblera d'autant plus surmontable. Au final, vous serez étonné par ce que vous avez réussi à accomplir !

**6.** Dans tous les cas, ne vous dévalorisez pas ! L'échec fait partie du processus normal d'apprentissage. Il permet de mieux nous connaître et d'adapter nos actions à notre environnement. Alors, ne vous laissez pas envahir par les pensées négatives qui vous sapent le moral et visualisez-vous en train d'atteindre votre objectif.

**7.** Regardez autour de vous, croyez-vous que toutes les personnes qui ont réussi n'ont jamais eu d'embûches ? L'échec n'est utile que pour affiner nos stratégies ; vous devez à présent l'évacuer et poursuivre votre route... vers la réussite !

**8.** Écrivez. Tenez un journal qui détaille vos pensées personnelles, vos objectifs et vos attentes. Il vous aidera à vous organiser et à rester concentré sur le succès. Plus vous clarifierez vos objectifs, plus ils seront faciles à atteindre.

**9.** Cultivez votre enthousiasme en visualisant votre réussite future et surtout en célébrant les petits progrès (les étapes intermédiaires) vers le succès.

**10.** Gardez confiance dans l'avenir. Surmonter un échec signifie également ne plus avoir peur d'avancer et d'échouer encore. Car au fond, échouer n'est peut-être pas si grave que cela ?

# Chapitre 3

## Cahier de pratique de la confiance en soi

Quelle que soit l'origine de votre manque de confiance, il s'agit le plus souvent d'une forme d'adaptation à une situation de rejet, de souffrance ou de domination que vous avez vécue enfant ou que vous subissez aujourd'hui. Il est difficile d'accepter la part d'arbitraire de la vie, l'attitude agressive ou humiliante de ceux qui sont censés nous aimer (ou nous aider) et les déceptions de l'existence. Si mes parents me critiquent tout le temps, si mon chef n'est jamais satisfait, si je ne trouve pas de travail, c'est qu'il y a une raison : je ne suis pas à la hauteur ! Cette image dévalorisée vous aide à expliquer et à justifier ce que vous vivez. Vous préférez vous croire responsable plutôt que d'affronter les faits bruts, ce qui vous fait vraiment peur. C'est devenu une habitude, dès qu'une situation dérape, dès que vous êtes victime d'une forme d'injustice, vous accusez votre manque de confiance. Il vous sert de refuge, sans doute depuis l'enfance. Si vous avez acheté ce guide, c'est que vous êtes las de toujours vous cacher derrière ce masque. Si vous le souhaitez vraiment, il est possible de changer votre vision de vous-même.

Votre premier pas vers plus de confiance passera par l'acceptation de ce qui est, de ce que vous ne pouvez changer. L'échec, la rupture, les difficultés... ce sont des faits. Observez-les et prenez du recul. Dans tous les cas, il ne s'agit pas de vous, de votre propre valeur. La situation est peut-être le résultat de causes sur lesquelles vous n'avez aucune prise, ou il se peut que vos comportements soient impliqués. Si c'est le cas, c'est eux qu'il faudra changer, pas vous ! Pourquoi devriez-vous vous sentir responsable de tout ce qui vous arrive ? Et en particulier de vos échecs ? Les exercices qui vous sont proposés ici devraient vous permettre de faire la part entre les croyances limitantes (et généralement négatives) que vous entretenez et la réalité que vous vivez. Ils vous aideront à faire le point sur vous, à accepter ce qui ne peut être changé et à changer ce que vous souhaitez. Pour enfin affronter la vie... plus sereinement !

Prenez le temps de les faire et de les refaire. Ces exercices suivent un ordre logique, mais vous pouvez en choisir un au hasard, si vous le souhaitez. Ils vous aideront à franchir différentes étapes vers une reconstruction de votre confiance en soi :

1. **Des exercices pour apprendre à désobéir :**
   Vous allez vous extraire des pressions externes qui vous empêchent de changer. Vous vous exercerez à fermer les yeux et les oreilles, pour mieux plonger en vous-même.

2. **Des exercices pour se sécuriser :**
   Vous vous verrez avec des yeux neufs, découvrirez vos compétences, votre valeur.

3. **Des exercices pour s'affirmer :**
   Cela vous permettra d'aborder les autres plus sereinement, de défendre vos besoins et de faire entendre votre voix.

**4. Des exercices pour renforcer sa détermination :**
Vous gagnerez alors en assurance pour conduire vos projets, malgré les difficultés, et obtenir ce qui vous tient à cœur.

À vous de jouer !

## 5 EXERCICES DE DÉSOBÉISSANCE

Pour retrouver confiance en vous et écouter vos besoins et vos désirs, vous allez commencer par... désobéir ! Ne cherchez plus à plaire, à satisfaire les attentes des autres, à éviter les reproches. La rébellion (tranquille) est votre meilleur passeport vers un plus grand confort psychique. En goûtant aux délices de l'inconvenance et de la liberté, vous allez enfin prendre la distance nécessaire pour un travail en profondeur sur vous-même, vers plus d'autonomie et d'assurance. À vous de jouer !

### Exercice 1 : je joue à l'enfant rebelle

Le psychiatre Eric Berne, père de l'analyse transactionnelle, a décrit nos différentes attitudes dans la vie sous forme d'états du Moi. D'après lui, nous nous glisserions selon les circonstances (de manière inconsciente) dans la peau d'un parent, d'un adulte ou d'un enfant. *A priori*, il n'y a pas de « bons » ou de « mauvais » état du Moi, chacun a une fonction différente, plus ou moins adaptée à la situation que nous vivons. L'exercice suivant consiste à endosser le plus souvent possible la peau de l'enfant rebelle, en disant obstinément non à tout ce qui nous gêne (fonction d'opposition légitime). Évidemment, vos vis-à-vis vous trouveront peut-être un peu puéril, mais qu'importe ! L'idée est de commencer à dire non dès que vous ressentez que votre libre arbitre est mis en péril. C'est ainsi qu'agissent les enfants de 2 à 3 ans lorsqu'ils traversent la fameuse phase du non, ce que les psychologues appellent la « réactance psychologique ». Du jour au lendemain, ils résistent à toutes les formes de pressions extérieures, s'opposent par principe, ne s'intéressent qu'à ce qui est interdit. La réactance est essentielle au développement de notre personnalité, elle conduit vers l'autonomie. Hélas ! après une nouvelle poussée à l'adolescence, elle a trop souvent tendance à s'étioler au fil du temps au profit d'une « maturité » raisonnable... Plus nous nous adaptons à notre environnement, plus nous grandissons, moins nous utilisons notre droit à dire non !

Prenons quelques exemples pour illustrer cette saine phase de rébellion :

• Un gendarme vous arrête dans la rue et vous demande vos papiers. Vous dites : « Je n'ai rien fait, pourquoi je vous donnerais mes papiers ! » sur le ton de l'injustice.

• Votre conjoint vous interrompt de manière brutale, avec un ton désobligeant ; vous lui rétorquez avec vigueur : « Tu me parles sur un autre ton, s'il te plaît ! »

• Votre patron vous demande de rester plus tard, pour la troisième fois de la semaine, vous vous exclamez : « Ah non ! et puis quoi encore ! Je ne suis pas un(e) esclave », sur un ton de révolte.

Vous vous imaginez mal en faire autant ? Tant mieux, cet exercice va vous être profitable ! L'enfant rebelle ne se sent pas coupable des conséquences de ses refus, il analyse la colère de l'autre comme un fait externe, certes déplaisant, mais indépendant de sa volonté. Ces besoins ont été bafoués, il manifeste son désaccord. C'est tout !

***Mise en situation :***

Asseyez-vous confortablement. Prenez une feuille de papier et un crayon et concentrez-vous. Dans chacune des situations suivantes, inscrivez la réaction que vous auriez en temps habituel. Puis choisissez la réaction « enfant rebelle » qui vous paraît la plus évidente. Ensuite, notez ce que vous ressentez dans le premier cas, et dans le deuxième.

**Situation 1 :** Vos parents vous demandent de les accompagner à l'aéroport dimanche de très bonne heure. C'est votre seule grasse matinée de la semaine et vous êtes épuisé.

— Votre réaction classique
— Ce que vous ressentez

— Votre réaction « enfant rebelle »
— Ce que vous ressentez

**Situation 2 :** Alors que vous êtes déjà surchargé de travail, votre responsable vous demande d'assumer une nouvelle tâche.

— Votre réaction classique
— Ce que vous ressentez

— Votre réaction « enfant rebelle »
— Ce que vous ressentez

**Situation 3 :** Votre conjoint refuse (cette fois encore) de rentrer plus tôt pour aller chercher les enfants à l'école, prétextant qu'il a trop de travail.

— Votre réaction classique
— Ce que vous ressentez

— Votre réaction « enfant rebelle »
— Ce que vous ressentez

Relisez les différentes émotions liées aux réactions (classiques/rebelles) et comparez-les. Quels sont les avantages de celles de l'enfant rebelle ? Vous êtes-vous senti mieux dans votre peau, plus libre ? Désormais, dès que vous vous sentez mal à l'aise, oppressé, jouez le plus possible à l'enfant rebelle et ne pensez pas aux conséquences.

Autrefois, vos rébellions d'enfant vous ont peut-être paru inutiles. Vos parents, vos professeurs ne vous écoutaient pas. Mais aujourd'hui vous êtes adulte, c'est à vous de décider.

## Exercice 2 : je me libère des messages parentaux contraignants

Toute notre enfance, nous avons entendu nos parents et les figures d'autorité qui nous entouraient (nourrice, éducateur, enseignant, etc.) nous répéter les mêmes messages, les mêmes consignes : « dépêche-toi », « sois fort » (débrouille-toi), « fais-moi plaisir », « fais un effort », « ne te trompe pas » (sois parfait)... Ces consignes se sont profondément ancrées dans notre subconscient d'enfant, nous les avons intégrées comme des conditions à remplir pour être aimé et reconnu. Adulte, nous continuons d'obéir (inconsciemment) à l'un ou à plusieurs de ces messages contraignants (les « drivers » dans l'analyse transactionnelle). Ils s'activent surtout lorsque nous sommes sous stress et influencent notre comportement, directement ou indirectement, positivement ou pas. Plus il nous est difficile de les satisfaire, plus nous perdons confiance en nous-même et dans nos relations avec les autres.

• Fais plaisir : pour conserver l'attention de l'autre, il faut que je lui fasse plaisir.

• Sois parfait : pour conserver l'attention de l'autre, il faut que je me montre parfait, sans défaut.

• Sois fort : pour conserver l'attention de l'autre, il faut que je lui montre que je suis fort, que je ne souffre pas, que je n'ai besoin de rien, ni de personne.

• Fais des efforts : pour conserver l'attention de l'autre, il faut que je lui montre que je fais des efforts pour y arriver (y arriver au final est une autre histoire, l'important ici c'est de montrer de la bonne volonté à essayer).

• Dépêche-toi : pour conserver l'attention de l'autre, il faut se dépêcher avant qu'il ne se lasse et ne termine l'échange.

Le petit test suivant vous permettra de découvrir à quel message vous répondez le plus souvent et celui qui structure le plus vos attitudes face aux autres.

***Mise en pratique :***

Dans chacune des situations suivantes, choisissez la réponse qui vous convient le mieux, celle qui vous paraît la plus importante pour vous. Puis reportez vos réponses de la page 150.

**1. Vous invitez vos amis à passer le réveillon de la Saint-Sylvestre chez vous**

**a.** Vous faites le ménage à fond, passez plusieurs jours à choisir le menu et la décoration et commencez à cuisiner dès la veille au soir dans l'angoisse.

**b.** Vous prévoyez quelque chose de spécifique pour chacun des invités. Il faut absolument qu'ils soient tous heureux.

**c.** Deux heures avant la soirée, vous foncez au supermarché. Vous cuisinez un plat à toute vitesse et dressez la table à la dernière minute.

**d.** Vous déclinez les offres de vos amis qui proposent d'apporter un plat ou de vous donner un coup de main.

**e.** Vous regrettez d'avoir fait cette proposition. Cela va être un boulot monstre !

**2. Vous venez d'avoir une promotion. Vous animez votre première réunion en tant que responsable**

**a.** Vous avez passé la journée et la soirée de la veille à peaufiner une présentation très fouillée de votre stratégie sur ordinateur.

**b.** Vous arrivez à la réunion avec des croissants et des cafés.

**c.** Vous prévenez l'équipe que vous détestez perdre du temps et conduisez une réunion express de vingt minutes.

**d.** Vous adoptez une attitude très directive. Rien désormais ne se fera sans votre aval, vous allez tout vérifier !

**e.** Vous vous sentez déjà dépassé. Vous avez essayé depuis la veille de faire le tour de tous les dossiers du service.

**3. Votre fils doit passer son baccalauréat cette année et il ne travaille pas assez**

**a.** Vous établissez avec lui un programme de révisions. Vous lui faites donner des cours particuliers et suivez ses progrès jour après jour.

**b.** Vous le laissez tranquille et évitez de lui en parler. Après tout, l'important c'est qu'il soit heureux.

**c.** Vous consacrez cinq minutes par semaine pour faire un point rapide avec lui.

**d.** Vous bûchez vous-même la plupart des matières pour pouvoir l'interroger et vous êtes furieux à l'idée qu'il pourrait échouer.

**e.** Vous entrez à tout propos dans sa chambre, rangez ses affaires, vous lui demandez souvent où il en est… sans vraiment écouter ses réponses.

**4. Votre sœur est en train de divorcer. Elle réagit très mal à cette situation**

**a.** Vous l'appelez tous les jours à la même heure, vingt minutes minimum, et vous lui consacrez deux soirées par semaine.

**b.** Quelle horreur ! Être quittée par son mari, qui y a-t-il de pire ?

**c.** Vous l'appelez, pas plus de cinq minutes deux à trois fois par semaine.

**d.** Vous vous sentez très gêné en sa présence et ne savez comment lui manifester votre soutien.

**e.** Vous l'appelez sans arrêt. Vous annulez tous vos dîners et vos prochaines vacances pour rester auprès d'elle.

**Résultats**

***Si vous avez une majorité de a :*** votre message le plus influent est « sois parfait ». Vous êtes très soucieux de votre image et cherchez en toute occasion à être sans reproche. Cette obsession de bien faire prime sur vos propres envies et vous rend peu attentif à ce que les gens attendent en réalité de vous.

Votre antidote : tu peux faire bien et être satisfait avec cela !

***Si vous avez une majorité de b :*** votre message le plus influent est « fais plaisir ». Depuis l'enfance, vous êtes tiraillé par des désirs contradictoires pour faire plaisir à tout le monde autour de vous. Vous ne supportez pas de déplaire et cherchez à satisfaire les autres, même au détriment de vos propres intérêts.

Votre antidote : Tu as le droit de te faire plaisir.

**Si vous avez une majorité de c :** votre message le plus influent est « dépêche-toi ». Vous ne savez travailler que dans l'urgence. Vous faites souvent plusieurs choses à la fois, acceptez tout ce que l'on vous propose, au risque d'être débordé et parfois de bâcler un peu ce que vous avez entrepris.

Votre antidote : tu as le droit de prendre ton temps.

***Si vous avez une majorité de d :*** votre message le plus influent est « sois fort ». Votre credo est simple : ne demande pas d'aide et débrouille-toi tout seul ! Vous n'aimez pas montrer vos sentiments et vous connaissez mal vos besoins et vos limites. Vous vous sentez souvent épuisé.

Votre antidote : tu as le droit de demander de l'aide.

***Si vous avez une majorité de e :*** votre message le plus influent est « fais des efforts ». Vous ne ménagez pas votre peine, y compris pour des choses qui vous importent peu. Vous vous sentez souvent engagé par le fait d'avoir dit oui et vous vous acharnez à poursuivre des actions, même lorsqu'elles sont au-dessus de vos forces.

Votre antidote : tu peux réussir sans t'acharner.

## Exercice 3 : je goûte aux joies de la psychorigidité !

Le premier objectif de notre éducation (et donc de notre socialisation) est de nous apprendre à nous adapter au monde qui nous entoure, aux circonstances et aux attentes du groupe. Plus nous sommes adapté (souple), plus nous sommes susceptible de réussir et de recevoir des signes de reconnaissance (d'approbation). Hélas ! ce qui est une qualité indéniable peut également devenir un piège : il n'y a qu'un pas de l'adaptation au conformisme ! Nous finissons par oublier nos besoins, nos désirs et nos valeurs en nous soumettant aux attentes des autres. Les psychosociologues ont récemment prouvé que notre soumission à l'autorité était directement liée à cette flexibilité : plus les gens sont aimables, consciencieux, responsables et bien dans leur peau, plus ils sont susceptibles de se soumettre aveuglément aux directives d'une personne représentant l'autorité. En somme, les individus les plus sociables sont potentiellement les plus dangereux... pour les autres et pour eux-mêmes. Peut-être ne faut-il pas chercher plus loin l'étonnante cruauté des organisations aujourd'hui ! Il y a donc urgence à se dé-programmer ! Voici un petit exercice de désobéissance particulièrement profitable. Il va vous aider à développer votre résistance aux sollicitations externes et à votre trop grande propension à faire preuve de souplesse.

***Mise en situation :***

Prenez un cahier et un crayon et notez pendant une journée toutes les fois où vous avez agi dans un sens que vous n'auriez pas suivi spontanément.

**1. Classez les situations d'acceptation par type de personne. S'agissait-il de :**

- un enfant
- un collègue
- votre conjoint
- un ami
- un inconnu
- un responsable
- autre

**2. Classez les situations de refus par type de personne. S'agissait-il de :**

- un enfant
- un collègue

• votre conjoint
• un ami
• un inconnu
• un responsable
• autre

**3. Dans quelles situations avez-vous dit non ?**

• Quand vous ne vous sentiez pas obligé ?
• Quand il n'y avait pas de liens affectifs ?
• Quand quelqu'un d'autre pouvait le faire ?
• Quand vous connaissiez bien (vous vous sentiez proche) de la personne ?
• Quand vous n'étiez pas impressionné ?
• Quand ce n'était qu'un petit effort ?

**4. En quoi ces demandes refusées étaient-elles différentes des autres ?**

• Les personnes étaient différentes
• La nature de la demande était différente
• Vos sentiments vis-à-vis du demandeur étaient différents
• Vos obligations étaient différentes
• Autre

**5. Maintenant, imaginez que vous ayez refusé toutes les situations que vous avez acceptées. Qu'auriez-vous ressenti ?**

• Un soulagement
• De la peur
• De la culpabilité
• De la fierté
• Une gêne
• Autre

**6. Avec le recul, quels refus auriez-vous aimé faire ?**

- Ceux qui vous auraient soulagé
- Ceux qui vous faisaient peur
- Ceux qui vous auraient culpabilisé
- Ceux qui vous auraient rendu fier
- Ceux qui vous gênaient
- Autre

Désormais, vous cernez mieux les situations où vous vous adaptez trop facilement. Peut-être certaines personnes vous impressionnent-elles et vous font régresser à l'état d'enfant soumis ? Avec d'autres, vous vous sentez trop impliqué affectivement (comme des parents protecteurs) pour ne pas culpabiliser. Pour autant, vos refus n'auraient peut-être pas de conséquences négatives, alors pourquoi dire oui ? Repérez ces moments d'adaptation réflexe qui n'ont pas de sens et entraînez-vous à devenir plus rigide ! Si nécessaire, refaites régulièrement l'exercice.

### Exercice 4 : je m'intéresse moins à ce que les autres pensent de moi

Impossible d'ignorer les autres ! Dès que nous sommes en présence de quelqu'un, nous cherchons des signes de reconnaissance positifs (l'approbation, l'acceptation, le respect ou même l'admiration...) ou, à défaut, négatifs. Les signes de reconnaissance peuvent être physiques, verbaux ou non verbaux : une caresse, un mot ou un sourire. Ces signes peuvent varier selon le degré d'intimité, le cadre social ou culturel. Pour désigner ce besoin, Eric Berne utilise un terme polysémique en anglais : « Stroke » qui signifie à la fois caresse et coup de pied. Car nous sommes prêts à tout affronter, sauf l'indifférence ! La soif de reconnaissance est un besoin vital ; un enfant n'hésitera pas à faire une bêtise, même s'il doit se faire réprimander par ses parents, s'il a le sentiment qu'ils ne font pas assez attention à lui. Tout comme un adulte qui se sent mis à l'écart d'une réunion de travail peut mettre en place des stratégies plus ou moins conscientes pour se faire remarquer en tapotant son stylo contre la table, ou en renversant son verre. Le besoin d'être reconnu est souvent à l'origine de nos actions, il nous pousse à faire plus que ce que nous voudrions, à nous adapter trop vite aux attentes (supposées) des autres. Cela nous rend vulnérable et diminue notre confiance en soi. L'exercice suivant va vous aider à éviter ce piège qui finit par rendre amer et méfiant envers les autres.

***Mise en pratique :***

Dans la liste ci-dessous, cochez les phrases qui vous correspondent le mieux et les situations qui vous sont le plus pénibles. Puis reportez-vous à l'exercice précédent pour mieux comprendre les signes de reconnaissance que vous recherchez le plus et comment vous en détacher.

**1. Lorsque je rends service à quelqu'un, je suis surtout sensible au fait d'apparaître comme quelqu'un :**

- de serviable
- de généreux
- de gentil
- de disponible
- de dévoué
- de digne de confiance
- d'altruiste
- d'aimable
- autre…

**2. Lorsque je refuse de rendre un service, ce que je crains le plus c'est que l'on me présente comme quelqu'un :**

- d'égoïste
- d'insensible
- d'indisponible
- d'indifférent
- de froid
- de dédaigneux
- d'individualiste
- de grossier
- autre...

**3. Reprenez la liste des demandes que vous avez acceptées (à contrecœur) dans l'exercice 3 et essayez de découvrir quel signe de reconnaissance leur était attaché.**

Vous avez désormais une idée assez précise de l'image de vous-même que vous souhaitez impérativement protéger (celle d'une personne fiable, disponible, serviable...) et de ce que vous redoutez le plus de paraître (égoïste, individualiste, dédaigneux...). La peur d'être mal jugé (ou considéré comme ceci ou cela) vous pousse souvent à accepter ce que vous ne voulez pas faire. Mais êtes-vous sûr que si vous refusiez, les autres vous jugeraient ainsi ? La plupart du temps, nous imaginons plus que nous n'entendons les reproches des autres. Alors, pourquoi ne pas essayer de dire non cette fois... et de voir ce qui se passe ? Non seulement vous vous sentirez enfin soulagé de pouvoir être vous-même, mais vous serez sans doute surpris de la facilité avec laquelle vous avez changé les choses !

## Exercice 5 : je refuse les étiquettes qui ne me plaisent pas

Depuis longtemps, les psychosociologues et les enseignants connaissent la puissance de l'étiquetage. Cette technique de manipulation consiste à vous attribuer un type de comportement ou une qualité que l'on souhaite vous voir adopter dans une circonstance précise (ou de façon plus générale). Cette méthode est bien plus efficace que la contrainte pour nous amener à agir dans un sens donné. Si quelqu'un décrète que « vous êtes serviable, ou ordonné, ou disponible », il y a de fortes probabilités pour que vous essayiez de vous conformer à cette prédiction en tentant d'être serviable, ou ordonné, ou disponible ! Encore ce fameux besoin de reconnaissance ! Votre interlocuteur, en vous étiquetant « disponible », vous a indiqué par là même le comportement qui vous permettrait d'obtenir des « signes » positifs de sa part ! Et ceci, sans avoir l'air de vous forcer la main. C'est retors et efficace. Tous les compliments ne sont donc pas gratuits. Avec ce petit exercice, vous allez apprendre à refuser les étiquettes qui ne vous conviennent pas et les fausses louanges des manipulateurs.

***Mise en pratique :***

Prenez un carnet et un crayon. Pendant une semaine, notez tous les compliments (ou encouragements) que vous avez reçus et qui vous ont paru sans objet.

**1. Quels sont ceux qui reviennent le plus souvent et qui ne vous plaisent pas ?**

Par exemple :

— « Vous êtes très efficace en situation de stress. »

— « Tu es très stricte. J'ai toujours peur de te gêner… »

— « Tu es vraiment gentille, ma fille. On peut toujours compter sur toi… »

— …

**2. Essayez de préciser pourquoi ils ne vous plaisent pas**

— « Je les trouve insultant. »

— « Je me sens coincé... »
— ...

**3. Listez les personnes qui vous attribuent le plus souvent ces « étiquettes » dont vous ne voulez pas. Dans quel but agissent-ils, selon vous ?**
— Parents
— Collègues
— Autres

**4. La même « fausse qualité » revient-elle souvent, de la part de personnes différentes (voire d'inconnus). Pourquoi à votre avis ?**
— ...

**5. Quel(s) bénéfice(s) pourriez-vous tirer du refus de cette étiquette ?**
— Une plus grande liberté
— Moins de culpabilité
— Le sentiment d'être respecté
— Autre

Entraînez-vous désormais à refuser (avec le sourire) cette fausse étiquette en vous remémorant ce que ce refus vous apporte. Mais attention à ne pas aller trop loin en repoussant tous les compliments que vous croyez ne pas mériter ! Ce sont les étiquettes trop lourdes qu'il faut éviter, pas le plaisir d'une louange gratuite (et sans véritable arrière-pensée).

## 5 EXERCICES DE SÉCURITÉ INTÉRIEURE

Il est temps de faire la paix avec vous-même et de découvrir quelle personne unique vous êtes ! C'est-à-dire quelqu'un riche de qualités, avec aussi ses défauts et ses limites. Un être qui mérite le respect, qui a des besoins et des désirs à partager ou à vivre seul. Quelqu'un d'aimable tel qu'il est, sans se renier, sans douter, sans essayer de changer ou de se plier aux désirs des autres. En vous donnant le droit d'être vous-même, vous allez enfin relâcher la pression et trouver les ressources qui vous manquaient.

## Exercice 1 : je fais la liste de tout ce en quoi j'ai confiance

Depuis toujours, vous êtes certain de manquer complètement de confiance en vous. Vous vous trompez sans doute. Il y a des compétences ou des aspects de votre personnalité et de votre vie dont vous êtes plus satisfait que vous ne le croyez. Ces « zones » de confiance peuvent être très diverses.

Par exemple :

— Vous êtes gourmet et pensez avoir un palais assez fin.

— Vous êtes observateur et repérez rapidement les changements.

— Vous avez une bonne mémoire visuelle, vous reconnaissez les gens et les lieux que vous n'avez vus qu'une fois.

— ...

En prenant conscience de ces zones de confiance en vous, vous comprendrez qu'il n'existe ni manque de confiance total ni certitude absolue ! Les doutes comme les erreurs font partie de l'existence. Ils ne doivent pas saboter l'image que vous avez de vous-même. Vous êtes un être riche et complexe, fait de multiples facettes, qui se débrouille plutôt bien dans toutes sortes de domaines ! Alors, pourquoi l'ignorer ?

*Mise en pratique :*

Un soir chez vous au calme, prenez une feuille et un crayon. Notez tous les éléments positifs qui vous viennent à l'esprit.

Si décidément vous ne voyez rien, reprenez le planning de votre journée en précisant à chaque fois les qualités dont vous avez dû faire preuve dans les différentes actions que vous avez entreprises :

Ce matin :

• Je me suis levé et préparé rapidement = je suis quelqu'un de rapide.

• Je me suis rendu à un rendez-vous dans un endroit que je ne connaissais pas et je ne me suis pas perdu = j'ai le sens de l'orientation.

Ce midi :

• J'ai déjeuné avec une nouvelle collègue = je suis quelqu'un d'ouvert et d'accueillant.

Ce soir :

• Je suis parti un peu plus tard pour finir un dossier = je suis consciencieux.

Autre méthode, listez vos zones de confiance par catégories :

— Vos sens : toucher, goût, ouïe, vue, odorat ;

— Vos croyances, certitudes ;

— Vos compétences (professionnelles, personnelles...) ;

— Vos capacités (physiques, intellectuelles...) ;

— Vos qualités humaines ;

— Vos résistances ;

— Etc.

Votre liste commence à s'allonger et peut-être que vous révisez déjà un peu les croyances négatives (et limitatives) que vous entreteniez sur vous-même ? Cette personne-là, avec tous ces savoir-faire et ces qualités, c'est vous ! Vous ne pouvez plus vous cacher derrière cette étiquette dévalorisante de celui « qui n'a aucune confiance en lui-même ». Vous avez de nombreuses ressources à votre disposition pour affronter la vie et en jouir !

## Exercice 2 : j'évalue mes qualités et mes compétences

Attention, cet exercice n'est pas une occasion de plus de confirmer l'idée que vous êtes pitoyable ! Et pour être certain que vous n'en profiterez pas pour vous flageller une fois encore, vous allez suivre des règles très strictes en faisant ce que les professionnels appellent un 360 degrés ! Cette méthode d'évaluation des compétences utilisée par les ressources humaines de certaines entreprises aide à confronter la vision que l'on a de soi à celle que l'on donne aux autres : 360 fait référence au 360 degrés d'un cercle, avec la personne évaluée au centre. Adaptée à la vie personnelle, elle permet de sacrément renforcer son estime de soi ! Eh oui ! vous avez bien plus d'atouts que vous ne le croyez. Les autres vous admirent et vous envient des qualités que vous ne vous soupçonniez pas ! En les découvrant, vous abandonnerez quelques idées fausses sur les relations humaines. Et vous serez surpris de découvrir que les aspects de votre personnalité que les autres préfèrent sont ceux qui vous semblaient les moins brillants.

***Mise en pratique :***

La méthodologie est la suivante : vous allez procéder à une autoévaluation en remplissant le questionnaire ci-dessous, qui vous aidera à lister les 20 qualités qui vous caractérisent le plus dans divers domaines et les 10 compétences dont vous êtes fier. Puis vous enverrez par mail ou vous demanderez à dix de vos proches (ou plus) – amis, parents, conjoints, collègues, etc. – de vous citer trois aspects de votre personnalité qu'ils apprécient particulièrement et une chose qu'ils aimeraient que vous changiez dans leurs relations avec eux. Il ne vous restera plus qu'à comparer votre questionnaire et leurs réponses !

**Le questionnaire d'auto-évaluation**

**Mes qualités affectives**

— Par exemple : Je suis doux
— Je suis...
— Je suis...

**Mes qualités intellectuelles**

— Par exemple : Je suis rigoureux
— Je suis...
— Je suis...

**Mes qualités relationnelles**

— Par exemple : Je suis fidèle en amitié
— Je suis...

**Mes qualités pratiques**

— Par exemple : Je suis organisé
— Je suis...

**Mes compétences**

— Par exemple : Je suis bon cuisinier
— Je suis...

**Le questionnaire 360 degrés**

« J'aimerais savoir ce que tu apprécies en moi et dans notre relation. Trois choses que tu aimes chez moi. Et la compétence que tu admires le plus chez moi ! »

**Les trois qualités**

— ...

— ...

— ...

Et ce qu'ils aimeraient que vous changiez

— ...

Maintenant, il ne vous reste plus qu'à construire une grille de lecture à partir de l'ensemble des réponses de vos proches. Vous allez lister l'ensemble des qualités et compétences évoquées et attribuer à chacune une note en fonction du nombre de fois où elle a été citée :

Par exemple :
**Qualités :**
Disponible : 3
Fiable : 5
Chaleureux : 1
...

**Compétences :**
Cuisine : 3
Sens de l'orientation : 1
..., etc.

Maintenant, il ne vous reste plus qu'à comparer cette grille avec votre propre liste. Les différences sont-elles importantes ? Quelles sont finalement les qualités que les autres apprécient le plus chez vous ? Et ces défauts que vous pensiez avoir, existent-ils vraiment ?

N'hésitez pas à relire souvent la liste de vos belles qualités (c'est si bon de se faire du bien !).

## Exercice 3 : j'apprends à préserver mon territoire

Pour vivre en harmonie avec son entourage et développer sa confiance en soi, il est indispensable de savoir délimiter son territoire. Hélas ! ce n'est pas chose facile ! Nous nous laissons souvent envahir par les autres, les problèmes, les obligations. Enfant, nous avons conquis peu à peu notre intimité au sein de notre famille : un espace personnel, des goûts propres, des amis, puis notre autonomie lors de l'adolescence. À l'âge adulte, ce territoire intime est menacé par la formation du couple. La vie à deux modifie les frontières individuelles de chaque partenaire. On confie au couple une part de son domaine physique, de ses désirs, de ses pensées et on abandonne certaines de ses compétences, celles qui fournissaient une part d'autonomie. Avec l'arrivée des enfants, les frontières bougent à nouveau. Les territoires de chacun sont à renégocier avec la constitution d'un nouvel espace commun, l'abandon de certaines activités de loisirs ou professionnelles, le renoncement à des espaces physiques personnels. Comment éviter de se sentir floué, éternellement dévoré par les désirs et les attentes des autres ? Le test suivant va vous aider à faire le point sur la façon dont vous gérez votre territoire. Il vous donnera quelques pistes pour mieux protéger vos zones d'intimité et respecter celles des autres.

### Test

Pour chacune des situations suivantes, choisissez la réaction qui vous conviendrait le mieux. Puis reportez-vous aux résultats.

**1. Votre partenaire ne propose jamais rien : ni sortie ni vacances, ni projet.**

**a.** Vous en souffrez en silence, sans oser en parler.
**b.** Vous prenez toutes les initiatives sans l'interroger.

c. Vous essayez d'en parler avec lui pour voir ce qui ne va pas.
d. Vous le menacez de le quitter s'il ne se secoue pas.

**2. Pour la troisième fois ce mois-ci, vous êtes obligé d'annuler votre séance de gym parce que votre conjoint rentre trop tard pour garder les enfants.**
a. Vous comprenez, il a un travail tellement prenant...
b. Vous rédigez un mail en son nom à son boss au sujet de cet abus d'heures supplémentaires.
c. Vous pensez qu'il est temps de faire le point sur votre organisation de couple.
d. Vous êtes furieux. Puisque c'est comme ça, vous allez partir seul et sans les enfants le week-end prochain.

**3. Vous dînez au restaurant avec des amis. Ils choisissent tous les plats les plus chers de la carte et une bouteille de vin hors de prix.**
a. Vous ne dites rien, de peur de paraître pingre.
b. Vous intervenez rapidement en imposant un montant maximum par plat.
c. Vous leur confiez vos soucis d'argent et proposez de faire addition séparée.
d. Vous explosez ! Vous n'êtes quand même pas mécène !

**4. Votre belle-mère a pris l'habitude de débarquer chez vous à tout propos.**
a. C'est gênant, mais la famille, c'est sacré.
b. Vous téléphonez à votre belle-mère pour avoir une bonne explication.
c. Vous en parlez à votre conjoint. Vous aimeriez préserver votre intimité.
d. Vous prévenez votre conjoint, c'est elle ou vous !

**5. Votre fille de 6 ans n'aime pas jouer seule. Le week-end, du matin au soir, elle vous sollicite en permanence.**

**a.** Elle est encore si jeune, elle a besoin de moi.

**b.** Vous lui organisez un emploi du temps strict, avec activités prévues pour toute la journée.

**c.** Vous essayez de lui faire comprendre que vous avez besoin d'un temps pour vous.

**d.** Vous la menacez de la priver de dessert si elle vous dérange encore !

**Résultats**

***Vous avez un maximum de a : vous vous laissez envahir***

D'après vos réponses, il semblerait que votre entourage abuse de votre gentillesse. Votre souci du bonheur et du bien-être des autres vous empêche de poser des limites à votre territoire intime. C'est vrai, dans votre famille, votre couple et sans doute dans votre sphère professionnelle. On vous met souvent dans des situations que vous n'osez pas contester et cela vous rend parfois amer. Mais pourquoi toutes vos relations prennent-elles toujours un tour abusif ? Craignez-vous d'être rejeté ? Avez-vous peur de paraître égoïste ?

L'antidote :

Apprenez à vous affirmer par petites touches. Commencez par préserver un espace à vous, auquel personne ne pourra toucher. Puis définissez des moments dans la journée où vous ne serez disponible pour personne (en éteignant votre téléphone portable, par exemple). Avec le temps, vos proches apprendront à connaître et à respecter les frontières de votre monde.

***Vous avez un maximum de b : vous empiétez sur le territoire des autres***

Vous intervenez souvent dans la vie de vos proches. Lorsque vous sentez quelqu'un en difficulté, vous remuez ciel et terre pour trouver la meilleure solution et n'hésitez pas à user de persuasion pour lui imposer ce que vous croyez juste. Vous allez même parfois jusqu'à tout prendre en charge. Vous aimez tellement aider les autres ! Mais pourquoi un tel dévouement, allant jusqu'à l'intrusion dans la vie d'autrui ? Est-ce la reconnaissance ou les éloges qui vous motivent ?

L'antidote :

Vous êtes souvent déçu par l'accueil que l'on fait à votre bonne volonté. On vous reproche de vous mêler de ce qui ne vous regarde pas. Vous trouvez cela injuste, mais n'est-ce pas un peu vrai ? Apprenez à mieux sentir les limites posées par chacun et n'intervenez que si vous êtes sollicité.

***Vous avez un maximum de c : vous gérez sereinement votre territoire***

Vous vous sentez bien en présence des autres. Vous n'avez pas de difficulté à exprimer vos émotions, vos besoins et vos désirs. Et vous négociez lorsqu'il le faut pour préserver votre territoire. Vous savez poser des limites sans entrer dans le conflit. Vous avez appris par vous-même ou grâce à vos parents l'importance du respect de soi dans les relations humaines.

L'antidote :

Le risque qui vous guette est celui de ne plus remettre en cause votre bel équilibre : en évitant les situations déstabilisantes, les relations nouvelles, vous vous repliez sur une sphère trop restreinte. Vous ne laissez plus de place à l'inconnu.

***Vous avez un maximum de d : vous défendez votre territoire***

Vous ne supportez pas la moindre intrusion dans votre espace personnel. Vous n'êtes pas du genre à faire des concessions, vous aimez décider seul et vous détestez que l'on vous aide. Personne n'ose vous contredire. Votre assurance est légendaire. Et c'est tant mieux ! Mais ne seriez-vous pas en train d'éloigner les autres de vous ? Vous confondez intransigeance et affirmation de soi. À force de vouloir vous préserver des intrus, vous pourriez vous retrouver seul.

L'antidote :

Mais pourquoi un tel besoin de défense ? Dans votre enfance, vous avez peut-être subi les intrusions de parents trop protecteurs. Vous avez dû lutter pour faire votre place au soleil et gagner votre autonomie. Il est temps de baisser la garde. Vous êtes désormais adulte, personne ne veut vous envahir !

## Exercice 4 : je découvre les vertus des activités manuelles

Nous avons besoin de nous sentir compétent pour développer notre confiance en soi, c'est-à-dire capable de réaliser quelque chose grâce à notre expertise ou à notre agilité. Or aujourd'hui, la plupart des professions que l'on exerce sont déconnectées du réel. Entre opacité de la chaîne des responsabilités et difficulté à définir la valeur d'un travail, les individus peinent à expliciter la part qui est la leur. Ils ne connaissent pas l'utilité exacte de leurs contributions et ne peuvent donner un sens précis à leur action. Les satisfactions qu'ils tirent de leurs activités dépendent donc totalement des autres (supérieurs, collègues, clients) et des signes de reconnaissance qu'ils reçoivent.

Elles sont d'ordre narcissique. À l'inverse, le travail manuel procure des satisfactions très concrètes. On peut jouir seul du résultat de son travail : on a réussi à faire « ça » grâce à son habileté, son intelligence, sa force... Et ce que l'on a fait est également visible par les autres ! C'est valorisant ; on se sent compétent. Dans un petit livre rafraîchissant, *Éloge du carburateur, essai sur le sens et la valeur du travail*[1], le philosophe et mécanicien Matthew Crawford défend les vertus du travail manuel. Cet intellectuel californien a préféré ouvrir un garage pour motos plutôt que de poursuivre une carrière universitaire pour avoir « ce sentiment de me réaliser dans l'agir humain, d'être en prise directe avec le monde par l'intermédiaire des objets matériels ». Un choix radical dont chacun d'entre nous peut tirer quelques enseignements utiles au renforcement de la confiance en soi.

***Mise en pratique :***

Sans changer totalement de profession, vous pouvez vous aussi jouir des bienfaits de l'activité manuelle. Il suffit de décider de faire, plutôt que de faire faire. Et c'est dans l'air du temps. Le bricolage, le jardinage, le tricot, la couture ou même la mécanique, il existe des cours, des revues spécialisées dans tous ces domaines ! Vous avez l'embarras du choix. N'importe laquelle de ces activités vous apportera le sentiment valorisant de devenir compétent, à condition de jouer le jeu : celui de l'apprentissage. Au début, ce ne sont pas les résultats qui priment, mais le plaisir de progresser et de VOIR ses progrès.

1. La Découverte, 2010.

Et si décidément vous n'arrivez pas à vous y mettre, voici quelques conseils :

1. Désormais, mettez de côté tout ce qui est cassé, abîmé, décousu...
2. Consacrez une heure chaque soir à la réparation de quelque chose : un bouton à recoudre, un livre ou un jouet à recoller. N'allumez pas la télévision. Mettez un peu de musique et installez-vous confortablement pour travailler. C'est souverain pour se détendre et oublier le stress de la journée.
3. Décidez d'entreprendre seul des petits travaux : repeindre une plinthe, fixer une prise, installer une étagère pendant une journée de RTT.
4. Plantez et jardinez sur votre balcon ou votre terrasse : des plantes aromatiques, des fleurs, des fruits ou des légumes (en choisissant au départ des plantes résistantes et sans entretien complexe).
5. Pratiquez une activité manuelle (au moins) une fois par semaine : modelage, tricot, scrapbooking seul ou en famille... et pourquoi pas ébénisterie ou mécanique ! C'est un moment de pur bonheur convivial. Mais évitez les stages d'art-thérapie ! Les discours psychologisants n'ajouteront rien au plaisir de faire. Mieux vaut choisir un stage « pratique » sur ce que vous souhaitez apprendre.
6. Vous avez déjà restauré votre confiance en soi et peut-être gagné en assurance. Désormais, vous pouvez dire : « C'est moi qui l'ai fait ! »

**Exercice 5 : je fais comme si... et je balaie mes fausses croyances !**

Ce n'est pas la méthode Coué, mais cela y ressemble. Les psychothérapeutes cognitivistes demandent à leurs patients de faire des jeux de simulation : l'idée est d'affronter une situation à problème en faisant « comme si » on ne souffrait d'aucun trouble, d'aucun complexe. Dans la peau de ce personnage de fiction, les patients font alors l'expérience qu'il leur est possible de vivre autrement. À vous de jouer, vous allez vous glisser dans la peau de quelqu'un qui a confiance en lui. Vous vous tenez bien droit. Vous parlez fort et regardez les gens dans les yeux. Vous faites de franches poignées de main. Vous vous déplacez sans gêne. Vous n'avez pas peur de toucher les autres. Si quelqu'un vous interpelle, vous vous retournez sans crainte. Vous répondez aux questions, écoutez... Bref, vous êtes plein d'assurance. Les spécialistes de la PNL (programmation neurolinguistique) appellent cet exercice un « générateur de comportement nouveau ». Pour être efficace, il doit s'appliquer à une situation précise et permettre de représenter le « comportement » souhaité.

***Mise en pratique :***

Pour utiliser cette technique, vous allez créer une représentation interne du comportement désiré, basée sur des éléments tangibles (odeurs, bruits, images). Cette technique est efficace, parce que notre inconscient ne fait pas la différence entre ce que nous imaginons et ce que nous vivons réellement : les deux types de scène empruntent le même système nerveux. C'est pourquoi nous pleurons devant des scènes de cinéma par exemple. En construisant une représentation imaginaire précise de votre comportement, vous réalisez une sorte d'essayage mental de celui-ci. Une fois dans la vraie situation, le comportement que vous avez programmé s'imposera naturellement.

1. Dressez la liste des situations qui vous effraient le plus : tenir la conversation dans une soirée, prendre la parole

dans une réunion avec des collègues, organiser un dîner à la dernière minute, vous exprimer dans une langue étrangère...

2. Choisissez celle qui vous paraît la plus importante ou la plus fréquente (prendre la parole dans une réunion par exemple).

3. En imaginant que la scène soit filmée, décrivez précisément les événements et ce que vous ressentez en les vivant (le regard des autres, lire votre exposé, répondre aux questions).

4. Rembobinez le film et revivez la scène en mode dissocié. Désormais, vous êtes un metteur en scène et vous changez tout ce qui doit l'être : votre posture, le ton de votre voix, votre regard sur l'assistance, vos gestes...

5. Quelles différences notez-vous ? Qu'est-ce qui vous manque pour être « comme lui » ? Quelles émotions parasitent votre confiance en soi ?

6. Entrez dans la peau du personnage. Expérimentez le nouveau comportement : voyez, sentez, écoutez.

7. Imaginez une prochaine occasion où ce nouveau comportement pourrait être utile. La réunion de service hebdomadaire, par exemple. Représentez-vous en train de la vivre.

8. Et passez à la pratique. Aujourd'hui, vous êtes convié à l'une de ses réunions si effrayantes. Il ne reste plus qu'à faire comme si : entrez dans la peau de votre personnage et jouez votre rôle.

Il est temps de faire la paix avec vous-même et de découvrir quelle personne unique vous êtes ! C'est-à-dire quelqu'un rempli de qualités, avec aussi ses défauts et ses limites. Un être qui mérite le respect, qui a des besoins et des désirs à partager ou à vivre seul. Quelqu'un d'aimable tel qu'il est, sans se renier, sans douter, sans essayer de changer ou de se plier aux désirs des autres. En vous donnant le droit d'être vous-même, vous allez enfin relâcher la pression et trouver les ressources qui vous manquaient.

## Exercice 1 : je découvre quel type de comportement j'adopte en général

Nous avons tous des idées préconçues sur la façon dont les autres se comportent, sur les relations humaines et notre place dans tout cela. Le plus souvent, ces croyances sont héritées de notre enfance et des interactions que nous avons connues avec notre entourage (valorisantes ou non). Ces croyances ne sont pas subtiles, elles jouent sur les rapports de force (de comparaison) que nous établissons avec les autres. Elles peuvent se résumer comme suit : « Je suis O.K. ou je ne suis pas O.K., vous êtes O.K. ou vous n'êtes pas O.K. » Ces croyances modèlent notre estime de soi, la valeur que nous accordons aux autres (selon leur statut), et surtout, elles prédéterminent la façon dont nous gérons nos relations.

Le psychiatre Eric Berne a modélisé ces croyances en 4 positions de vie selon la valeur que l'on s'accorde à soi-même et celle que l'on attribue aux autres.

- Une valeur positive est symbolisée par un **O.K.** ou par un +
- Une valeur négative par un **non-O.K.** ou par un –

Il y aurait donc 4 combinaisons possibles, 4 positions de vie expliquant notre attitude face aux autres et notre comportement dans les sphères familiale, professionnelle et amicale !

- Je suis O.K. / vous êtes O.K. (+/+) = je me respecte et je vous respecte, **coopération**
- Je ne suis pas O.K. / vous êtes O.K. (–/+) = je me dévalorise et j'admire les autres, **soumission**
- Je suis O.K. / vous n'êtes pas O.K. (+/–) = je m'estime supérieur aux autres, **domination**
- Je ne suis pas O.K. / vous n'êtes pas O.K. (–/–) = j'ai une image dévalorisée de moi et des autres, **autodestruction**

Bien sûr, un même individu peut changer d'approche selon ses interlocuteurs, il ne sera pas le même avec ses enfants ou son responsable hiérarchique, son meilleur ami ou son père. Pour autant, Eric Berne considérait que nous avions une position de vie dominante, reflétant directement notre estime de soi, et une seconde position (une position de repli) dans les situations de stress.

***Mise en pratique :***

Installez-vous dans un endroit calme et imaginez que vous vivez la situation décrite ci-dessous. Laissez-vous envahir par les émotions, les images, les odeurs. Puis choisissez dans les différentes propositions de réaction celle qui serait la vôtre.

Ce matin, vous avez rendez-vous pour un entretien professionnel. Vous vous levez de bonne heure pour avoir le temps de vous préparer, mais rien ne se passe comme vous l'aviez prévu. La baby-sitter, qui doit accompagner votre fils à la crèche, a un bon quart d'heure de retard. Vous vous précipitez vers le métro, mais arrivé dans la station, vous vous apercevez avec horreur que vous avez oublié votre carte de transport. Vous décidez alors d'acheter des tickets pour gagner du temps. L'employé vous sert avec une lenteur inhabituelle. Le quai est bondé et le métro n'arrive toujours pas. Vous montez enfin dans la rame, mais elle s'arrête dès la station suivante pour des problèmes techniques sur la ligne... Bref, vous ne serez jamais à l'heure. Or vous savez que votre recruteur a organisé une série de tests et une évaluation devant plusieurs cadres de l'entreprise.

1. Vous vous sentez affreusement mal. Vous courez à perdre haleine dans la rue, complètement en nage. Vous êtes vraiment stupide ! Vous auriez dû prévoir qu'il y aurait sans doute des problèmes. Comment pourrait-on vous prendre au sérieux après ça ? Vous allez vous excuser platement en espérant qu'il n'est pas trop tard.

2. Vous êtes fou de rage ! Vous n'auriez jamais dû accepter un rendez-vous si tôt le matin. Vous avez fait de pieds et des mains pour vous organiser, et cela n'a servi à rien. On ne peut décidément compter sur personne et ces recruteurs sont compléments obtus, incapables de comprendre les impératifs de chacun !

3. Vous pressez le pas et téléphonez pour prévenir que vous aurez du retard. Inutile de se mettre martel en tête, il y a parfois des impondérables difficiles à anticiper. Vous allez essayer de rattraper les choses sur place. Et la prochaine fois, vous tenterez d'éviter les entretiens avant 9 heures.

4. Vous vous asseyez sur un banc. Vous êtes écœuré ! Vos justifications ne serviront à rien. Le monde entier se ligue contre vous, comme d'habitude. Vous n'irez pas,

c'est perdu d'avance. Vous n'avez même pas envie de téléphoner pour annuler le rendez-vous !

**<u>Résultats</u>**

**Vous avez choisi le 1**

En situation de stress, vous avez tendance à réagir en –/+. Vous vous sentez spontanément fautif, prêt à culpabiliser devant vos responsables ou ceux qui représentent l'autorité. Attention à ne pas vous dévaloriser trop vite, cela ne fait qu'accroître votre stress et nuit à vos intérêts. Apprenez à être moins sévère avec vous-même et à prendre du recul en tenant compte des faits. Non, les autres ne se débrouillent pas mieux que vous !

**Vous avez choisi le 2**

En situation de stress, vous avez tendance à réagir en +/–. Dès que les choses tournent mal, vous accusez volontiers les autres d'être responsables de la situation. Vous vous mettez facilement en colère. Vous réagissez soit par l'agressivité, soit par la condescendance. Cette arrogance n'est qu'une façade qui cache un manque de confiance en vous-même. Écoutez vos signaux d'alerte : lorsque vous êtes tenté par le mépris ou que vous vous montrez arrogant, c'est une défense. Vous combattez maladroitement un sentiment de dévalorisation.

**Vous avez choisi le 3**

En situation de stress, vous avez tendance à réagir en +/+. Vous savez combattre le stress en gardant à l'esprit l'essentiel : les faits et vos objectifs. Ce flegme vous permet de faire preuve d'empathie pour les autres, tout en sachant défendre vos besoins. C'est l'attitude gagnant-gagnant par excellence !

**Vous avez choisi le 4**

En situation de stress, vous avez tendance à réagir en –/–. Votre estime de soi est défaillante. Vous vous laissez facilement aller au désespoir. Vous remettez au lendemain ou vous abandonnez tout simplement dès qu'une difficulté apparaît. Attention ! Vous ne pouvez plus continuer ainsi. La spirale négative dans laquelle vous vous êtes inscrit ne peut qu'empirer. L'aide d'un psychothérapeute pourrait vous être utile.

## Exercice 2 : je prends part à une conversation

Écouter, s'exprimer, participer à une conversation... Pour certains, ce B.A.-BA de la communication est une véritable gageure. Ils n'osent pas prendre la parole en public, persuadés de n'avoir rien à dire, d'être mal jugés ou de ne pas trouver les mots. En réunion, ils n'interviennent jamais et redoutent d'y être invités. Ils sont incapables d'échanger quelques mots avec des inconnus. Lorsqu'ils sont avec des amis, ils se taisent la plupart du temps et ne lancent aucun sujet de conversation. Cette extrême timidité est hélas ! fort gênante. Non seulement les silencieux ne peuvent défendre leur point de vue, mais ils passent souvent pour des personnalités ternes, voire arrogantes. Alors, comment sortir de cette spirale vicieuse où moins l'on parle et plus il est difficile de parler ?

Pour cela, il faut réapprendre les règles de la communication humaine, c'est-à-dire une série de techniques simples qui permettent de faire face aux trois phases de toute relation :

1. Le début
2. L'échange
3. La conclusion

Une fois que vous serez persuadé de pouvoir en toutes circonstances débuter une conversation, la maintenir avec aisance et la finir quand vous le souhaitez, vous n'aurez plus jamais peur de prendre la parole (d'être pris par les mots) ! Et vous vous inquiéterez beaucoup moins de l'effet supposé de vos paroles sur autrui. Il n'est pas aussi important que vous l'imaginez… la plupart des gens n'écoutent pas !

***Mise en pratique :***

À vous de jouer. Vous allez désormais vous entraîner à engager la conversation dans différentes situations (des plus simples aux plus intimidantes). Puis vous vous exercerez à maintenir un échange sur une durée de plus en plus longue. Enfin, dernière étape, vous pratiquerez plusieurs méthodes permettant de changer de sujet ou de conclure un échange.

1. Dressez la liste des situations où prendre la parole vous paraît difficile, en les classant de la moins délicate à la plus stressante.
   Par exemple :
   - Commander un produit par téléphone
   - Demander mon chemin à un inconnu
   - Échanger quelques mots avec ma voisine
   - Proposer à des collègues de venir déjeuner avec moi
   - …

2. Commencez par les discussions dont la difficulté vous paraît la moins grande et procédez par étape.

3. Au début, utilisez la communication non verbale.
   Pendant quelques jours, approchez-vous des gens avec lesquels vous souhaitez entrer en contact. Regardez-les dans les yeux et souriez.

4. Puis les jours suivants, saluez.
   Approchez, souriez et dites bonjour. Ce sera d'autant plus facile que votre interlocuteur s'y attendra (depuis plusieurs jours, vous lui souriez). Puis ajoutez une petite phrase sans conséquence et n'exigeant pas vraiment de réponse (par ex : « Il fait beau aujourd'hui », « Oh ! la la ! je suis en retard... »)

5. Désormais, arrêtez-vous un court moment lorsque vous saluez.
   Engagez la conversation toujours par une banalité (la météo, par exemple) et laissez votre interlocuteur rebondir s'il le souhaite. Si vous voyez qu'il désire poursuivre la conversation (il vous écoute, sourit, vous questionne), continuez en parlant de choses sans importance (des propos liés au contexte, à l'environnement...).

6. Reprenez la liste du début et choisissez les situations où vous souhaitez que la communication aille plus loin.

7. Vous allez désormais mener une vraie conversation. Recommencez par les premières étapes (sourire, bonjour, banalité), puis dites quelque chose de neutre, par exemple : « Il fait si beau en ce moment, cela donne envie de manger dehors. » Puis renvoyez l'ascenseur à votre interlocuteur : « Vous connaissez le parc Émile-Lampion ?... » Vous avez entamé la conversation. Si l'autre souhaite la poursuivre, il prendra le relais. La règle à respecter est celle du 50/50. Vous parlez, il répond. Il vous fait une remarque, vous aussi. Entraînez-vous à écouter et à ne pas interrompre l'autre lorsqu'il parle.

8. Parlez de vous et faites parler l'autre de lui-même. Les gens aiment qu'on les écoute, qu'on s'intéresse à eux. Mais ils seront plus à l'aise si vous vous dévoilez un peu (sans excès, bien sûr !). En parlant de vos goûts ou de vos habitudes. « Dès que je peux, je déjeune dans le parc avec un sandwich. La boulangerie André en fait d'excellents, j'adore leur pan-bagnat. Vous le connaissez ? »

9. Aujourd'hui, vous croisez (ou vous avez au téléphone) une personne avec laquelle vous avez désormais l'habitude de parler, mais vous n'avez pas le temps. Dites-le gentiment ! « Désolé, je n'ai pas le temps de discuter. Je suis ultrapressé ! On se voit demain ? »

10. Autre écueil, vous êtes engagé systématiquement dans des discussions interminables sur des sujets qui ne vous intéressent pas le moins du monde. Là aussi, soyez naturel. Profitez d'une pause de votre interlocuteur, et glissez une remarque positive pour changer de sujet : « Je suis impressionné, moi je ne connais absolument rien au golf. Et à vrai dire, je suis incapable de m'y intéresser. Mais comment as-tu trouvé le dernier film de… »

Et voilà ! Vous voici paré pour faire face à toutes les situations ou presque. Vous avez sans doute moins peur de parler et de communiquer avec les autres. L'important est de rester constant. Souriez systématiquement, n'oubliez jamais de dire bonjour. Échangez quelques mots dès que vous en avez l'occasion : avec les personnes dans la salle d'attente du médecin, le voyageur près de vous dans le train, les commerçants, vos voisins. Soyez toujours le premier à décrocher le téléphone ou à ouvrir la porte. C'est avec la pratique que la communication devient facile. A contrario, plus vous vous renfermez dans votre coquille, plus les contacts avec les autres deviennent des épreuves. Et ceci quelle que soit votre forme ou la météo qu'il fait !

## Exercice 3 : je fais une demande

Non personne (pas même ceux qui vous aiment) ne peut deviner ce que vous désirez si vous ne le dites pas ! Cette erreur commune est à l'origine de nombreux conflits en famille ou en couple. On n'exprime pas de vœu précis à ses proches (aide, souhait, changement...) et l'on se sent frustré et aigri qu'ils ne tiennent pas compte de nos besoins. Grossière méprise. Les relations humaines harmonieuses sont basées sur la communication et la capacité de chacun à manifester (et à défendre) ses désirs et ses besoins. Il faut se sentir responsable de ses attentes. Si nous ne les formulons pas, nous acceptons implicitement qu'elles restent inassouvies. *A contrario,* lorsque l'on demande quelque chose, il se peut que l'autre refuse. Demander n'est pas exiger ! Or c'est souvent la difficulté de ceux qui ont du mal à s'exprimer ; ils ressassent, ressassent puis finissent par exploser ! Leur sollicitation est faite sur un ton agressif, qui ne donne guère envie d'être conciliant. Et ils essuient un refus, ce qui les rend un peu plus aigris et silencieux. Pour sortir de ce cercle infernal, la seule solution est d'apprendre à formuler ses demandes. Cela ne signifie pas qu'elles seront toutes acceptées, mais cela vous permettra au moins de mieux défendre vos intérêts. Et si vous n'obtenez pas gain de cause la première fois, il y a de bonnes chances que vous soyez exaucé la fois suivante. Peu d'interlocuteurs oseront dire non deux fois de suite.

***Mise en pratique :***
Vous allez vous exercer à formuler des demandes avec la méthode JEEPP. Cette technique permet de tenir compte de l'ensemble des éléments nécessaires à une

communication réussie : la précision, l'absence de jugement, l'empathie et la motivation. On exprime sa demande en se respectant soi et en respectant l'autre.

Prenons l'exemple d'une demande de congé : vous voulez poser une semaine de vacances au moment où vous savez qu'il y aura une charge de travail importante au bureau. Avec la méthode JEEPP, cela donne :

- **J comme je**
Commencez votre première phrase par « je » : « J'aimerais (j'apprécierais, je souhaite) poser une semaine de vacances pour le mois d'avril… »
Vous avez formulé votre demande simplement, c'est direct et sans manipulation.
- **E comme empathie**
Puis vous précisez immédiatement à votre interlocuteur que vous êtes conscient qu'il peut être gêné par cette demande.
« Je sais qu'il y a de gros dossiers en cours et que tu dois en tenir compte… »
- **E comme émotions**
Il n'est pas question de nier les ressentis de chacun. Vous respectez les siens comme les vôtres, sur un pied d'égalité.
« Mais je suis gêné d'avoir à insister, j'ai besoin de partir avec mes enfants. Bien sûr, je comprends que cela t'embarrasse. »
- **P comme précis**
Votre demande doit être la plus précise possible pour être vraiment prise en compte : « J'aimerais m'absenter la première semaine des vacances de Pâques, du 7 au 14. »
- **P comme persistance**
Enfin, insistez pour obtenir gain de cause. Pour cela, répétez la phrase précise comme un disque rayé en

alternant avec l'empathie (« non mais je sais qu'il y a beaucoup de boulot, mais je voudrais partir du 7 au 14 »).

Le petit plus : concluez si possible de façon positive. « Si ce n'est pas cette semaine, ce sera la suivante. Merci de tes efforts. » Et attention à garder en tête la règle de toute communication : si vous avez le droit de demander, les autres ont celui de refuser !

## Exercice 4 : j'apprends à changer d'avis

Se tromper de temps à autre est le lot de tout le monde. Ce qui différencie surtout les personnalités ayant peu de confiance en elles, c'est leur capacité à s'entêter dans des situations désastreuses. Elles se considèrent très vite « engagées » par leurs décisions ou leurs actions (elles n'osent plus se rétracter), même si celles-ci sont profondément insatisfaisantes. Les vendeurs en porte-à-porte et autres spécialistes de la manipulation le savent bien : une fois un premier acquiescement obtenu, la plupart d'entre nous se sentiront plus ou moins obligés de valider leurs achats. Vous tombez fréquemment dans ce piège ? Il faut déprogrammer votre propension à vous estimer contraint dès que vous avez accepté quelque chose ou dès que vous avez fait un choix. Pour cela, il faut s'habituer à changer d'avis dans toutes sortes de circonstances : à la boulangerie une fois servi, dans un magasin de chaussures en renonçant à la dernière minute à acheter la paire que vous aviez choisie ou dans une agence de voyages en annulant un séjour. La véritable confiance en soi se manifeste par cette capacité à être « inconstant » ! Contrairement à l'idée commune, la persévérance n'est pas toujours une qualité.

***Mise en pratique :***

Apprendre à changer d'avis permet de mieux respecter ses besoins réels. On apprend à écouter de nouveau ses ressentis et à ne pas se sentir engagé en toutes circonstances. Voici quelques pistes pour vous entraîner à développer un véritable libre arbitre.

1. Commencez par des situations sans grands enjeux. Dans un restaurant, laissez le serveur vous placer à l'intérieur.

2. Asseyez-vous, puis feignez de changer d'avis et demandez une table en terrasse.

3. Consultez la carte et choisissez un plat et une boisson.

4. Dès que le serveur a fini de prendre votre commande, changez à nouveau d'avis en changeant de boisson, par exemple.

5. Puis optez pour une situation plus délicate. Par exemple, acceptez une invitation au cinéma avec des amis.

6. La veille au soir, téléphonez en prétextant que vous êtes souffrant ou que vous avez trop de travail, peu importe, et reportez.

7. Cette fois-ci, vous êtes prêt pour les choses sérieuses : vous allez enfin pouvoir vous désengager de ce qui vous pèse depuis trop longtemps. Par exemple, ce week-end en famille qui vous pose tant de problèmes, pourquoi y aller ? Annulez-le ! Et oubliez vos remords !

## Exercice 5 : je m'entraîne à dire non

S'autoriser à dire non, c'est apprendre à respecter ses désirs et ses besoins. En connaissant vos propres limites, ce que vous êtes prêt à faire ou pas, en fonction de vous et non des autres, vous prendrez conscience de votre légitimité. Dès qu'une situation se présente où vous êtes dans l'incapacité de dire non, notez toutes les frustrations, émotions rencontrées, sans oublier les pensées automatiques du genre « il va se mettre en colère si je refuse » ou « c'est toujours sur moi que cela tombe ». Avec du recul, analysez les raisons qui vous ont poussé à dire oui. Sont-elles justifiées ? Aviez-vous de bonnes raisons de refuser ? Le refus ne s'improvise pas. Il ne peut s'appuyer que sur la certitude d'être dans son bon droit.

Vous devez faire un inventaire de tout ce que vous ne voulez plus endurer.

Voici quelques pistes pour vous aider à dire non plus facilement :

- Remplacez dans toutes vos phrases « oui, mais » par un simple « non » et vous découvrirez que les choses sont bien plus simples que vous ne le croyez.
- Entraînez-vous s'il le faut devant la glace en vous remémorant les « non » ratés de la journée.
- Prenez l'habitude de ne pas justifier vos refus avant que l'on ne vous demande de le faire.
- Enfin, sachez qu'en dernier recours, il est toujours possible de négocier, mais que vous serez en meilleure posture pour le faire si vous avez commencé par dire non (plutôt que « oui, mais », par exemple) !

*Mise en pratique :*

Choisissez une situation qui se reproduit souvent et dans laquelle vous aimeriez opposer un refus clair et net. Par exemple, votre patron vous demande régulièrement à la dernière minute de rester plus tard le soir pour l'aider à finir un dossier ou pour une réunion. Cela bouleverse votre organisation (récupérer les enfants à la crèche ou vos séances de gymnastique, par exemple). Vous allez tout d'abord vivre cette situation virtuellement, puis l'appliquer dans la réalité.

Votre patron passe la tête par la porte de votre bureau et vous annonce qu'il vient de fixer une réunion à 18 heures. Il vous demande d'y assister.

1. Sans réfléchir, dites non d'emblée : « Je suis désolée, je ne pourrai pas venir. » Statistiquement, vous avez 80 % de chance que cela suffise.

2. S'il insiste : « C'est important, Marie. C'est au sujet du dossier Machin », ne vous laissez pas intimider. Répétez « non » selon la méthode du disque rayé. « Je ne peux vraiment pas, j'ai des engagements pour ce soir. » Vous accroissez de 10 % les chances que votre refus soit accepté.

3. Votre patron paraît surpris ou contrarié. Faites preuve d'empathie en comprenant son point de vue. « Je suis désolée que cela pose un problème » et continuez avec le disque rayé, « mais je ne peux vraiment pas me libérer ».

4. Votre détermination ne suffit pas. Votre patron insiste à nouveau. Exprimez vos sentiments négatifs. « Écoutez, je suis vraiment peinée que vous insistiez ainsi. J'essaie

toujours de me rendre disponible. Mais à la dernière minute, c'est impossible. Cela me met trop dans l'embarras. »

5. Il est temps de clore la discussion. « Ce soir, c'est vraiment impossible. » Et dans ce cas, comme il s'agit d'une situation délicate (c'est votre patron), vous proposez une négociation : « Mais si vous le souhaitez, je peux venir plus tôt demain matin... »

6. À vous de jouer désormais. La prochaine fois que votre patron vous demandera de rester plus tard, vous saurez quoi dire !

## Exercice 6 : je fais un compliment

Pour les individus timides, faire un compliment est aussi difficile qu'en recevoir. Ils craignent d'être mal reçus, de passer pour des flatteurs ou des hypocrites. Ils ne savent pas comment formuler les messages de gratitude ou d'admiration qu'ils souhaiteraient faire passer. Alors ils se taisent. En France, on pratique peu l'art des compliments. On lui préfère la critique ou le trait d'esprit, rien de vraiment positif. Or les compliments sincères sont de merveilleux cadeaux à faire à ceux que l'on apprécie, dans son entourage affectif, mais aussi dans sa sphère professionnelle. Un compliment réussi montre l'intérêt que vous portez à l'autre. Il sera d'autant mieux reçu qu'il résultera d'une observation fine et concrète. Si vous dites à l'un de vos collègues « J'admire la manière que tu as de parler aux gens dans les situations de stress. Tu sais les calmer, les détendre. C'est un véritable don », il sera bien plus touché que si vous aviez simplement déclaré « Tu es quelqu'un qui ne perd jamais son calme ». Car en allant dans les détails, vous avez aidé cette personne à prendre conscience de ses qualités, vous lui avez montré que vous l'admiriez pour de véritables mérites.

Pour formuler un compliment, il faut respecter trois règles :

1. Employer le « je ». Le compliment se fait à la première personne. C'est vous qui vous exprimez (et seulement vous !).

2. Être précis. Le compliment est efficace s'il souligne quelque chose de particulier et non s'il exprime un sentiment vague. Dans le premier cas, il est flatteur. Dans le second, il sera embarrassant.

3. Être sincère. Si vous utilisez le compliment pour manipuler l'autre, il n'en sera pas dupe et vous perdrez toute chance d'être cru à l'avenir. C'est l'occasion d'exprimer vraiment ce que vous ressentez.

***Mise en pratique :***

En vous entraînant à pratiquer l'art du compliment, vous allez non seulement améliorer vos relations, mais également votre confiance dans votre capacité à formuler vos émotions. Vous abandonnerez au passage quelques-unes des croyances négatives qui vous empoisonnent la vie : il est normal de bien faire, d'être toujours à l'heure, de ne pas perdre son calme, de ne pas compter son temps, etc. Non, la perfection n'est pas la norme ! Donc lorsque vous appréciez l'attitude de l'un de vos proches, dites-le ! C'est agréable pour lui et bon pour vous. En faisant des compliments aux autres, vous ouvrirez les yeux sur vos propres qualités. Pour en finir une fois pour toutes avec la tyrannie du critique intérieur.

1. Prenez un carnet et un crayon et notez pendant plusieurs jours les faits, gestes ou qualités que vous observez chez ceux qui vous sont proches. Cette première

phase d'attention est déjà un changement dans vos rapports aux autres. Elle vous aide à percevoir davantage les aspects positifs de votre entourage. Par la suite, cette nouvelle façon de voir les autres deviendra une habitude.

2. Reprenez tous les points positifs que vous avez notés et faites-leur correspondre un compliment adapté, le plus précis possible.

3. Classez les différents compliments par ordre de difficulté, de ceux qui vous paraissent les plus faciles à exprimer à ceux que vous n'oseriez jamais dire.

4. Choisissez dans votre liste trois compliments parmi les plus faciles. Puis imaginez-vous en train de les dire aux personnes concernées.

5. Pour vous aider à passer à l'action, écrivez le texte de vos trois compliments en respectant les trois règles énoncées plus haut : le « je », la précision, l'émotion.

6. Choisissez le bon moment et passez à l'action en observant les réactions de vos interlocuteurs. Ont-ils paru satisfaits ? Surpris ? Vous ont-ils remercié ?

7. Après ces premières expériences réussies, attaquez-vous aux compliments plus délicats. Et ne vous arrêtez plus !

## 4 EXERCICES POUR RENFORCER SA DÉTERMINATION

Lorsque l'on manque de confiance en soi, on renonce facilement dès les premiers écueils ou l'on reporte à plus tard les projets ambitieux ou innovants. Hélas ! tous ces petits renoncements ne font que conforter les doutes sur soi. Plus on recule, plus on se sent incapable de mener à bien ce que l'on entreprend. Les exercices suivants vont vous permettre d'inverser le processus en vous aidant à réaliser ce que vous souhaitez et à vous prouver, enfin, que rien n'est impossible !

## Exercice 1 : j'apprends à formuler mes objectifs

À l'origine de notre manque de confiance, il y a souvent la simple difficulté à cerner vraiment ce que l'on veut. Nos buts sont trop flous ou trop vastes pour être atteints. On se complaît alors dans une vague insatisfaction et on se laisse aller à l'inertie et au découragement. La PNL, la programmation neurolinguistique, donne quelques outils pour apprendre à mieux définir ses objectifs. Une fois ceux-ci parfaitement déterminés, il est beaucoup plus aisé de mettre en place les actions nécessaires. Les étapes indispensables à la réalisation de nos projets apparaissent naturellement. Les efforts sont progressifs, donc beaucoup moins intimidants et les petits succès engrangés sur la route de l'accomplissement sont autant de moments de bonheur et de renforcement de son estime de soi. Les spécialistes du développement personnel appellent cela l'escalier de la réussite. Il ne vous reste plus qu'à monter les marches !

Pour que vos objectifs soient correctement formulés, vous devez respecter une série de critères rigoureux ou de conditions destinées à augmenter leur probabilité de succès.

1. L'objectif doit pouvoir être formulé en terme positif. C'est-à-dire en répondant à la question « Qu'est-ce que je veux ? » et non « Qu'est-ce que je ne veux pas ? »
2. L'objectif doit dépendre de vous. Vous ne pouvez pas conditionner vos projets au bon désir des autres.

3. Il doit être le plus précis possible. Imaginez celui-ci avec le maximum de détails, comme un petit film qui passerait devant vous.
4. Il doit être quantifiable. Pour cela, posez-vous la question : « Comment saurai-je que j'ai atteint mon but ? »
5. La réalisation de l'objectif ne doit pas mettre en péril votre équilibre ou vos acquis. Pour le savoir, posez-vous la question : « Que se passera-t-il si je réussis ? Pour moi, mes proches, dans les différents aspects de ma vie (professionnel, sentimental, familial) ? »
6. Vous devez ensuite visualiser les ressources dont vous aurez besoin, psychologiques et pratiques. Et offrez-vous les moyens de parvenir à vos buts.
7. Le plus long voyage commence par le premier pas ! Définissez quelle doit être cette première action et... faites-la !

***Mise en pratique :***

À vous de jouer désormais, vous allez lister une série d'objectifs qui vous tiennent à cœur. Puis vous les classerez par niveaux de difficulté, en précisant à chaque fois : les moyens nécessaires, les étapes et les conséquences de leur réussite. Commencez par les plus simples, sans vous presser. L'escalier de la réussite ne se monte pas quatre à quatre. Et chaque succès doit être savouré pleinement avant d'entamer autre chose !

## Exercice 2 : je planifie efficacement mon temps et mes efforts

Respecter les échéances que l'on se fixe à soi-même est essentiel pour reconquérir sa confiance en soi. Mais pour cela, il faut faire le tri entre ce qui est pressant et important et ce qui ne l'est pas. En se fixant de vraies priorités et en renonçant à tout faire en même temps, on se donne les moyens de réussir et surtout d'agir efficacement ! L'urgence est notre pire ennemi, elle est génératrice de stress et conduit souvent au découragement. Alors, prenez les devants et apprenez à mieux gérer votre temps en suivant scrupuleusement le programme ci-dessous.

*Mise en pratique :*

**1. Formalisez vos objectifs en suivant les conseils de l'exercice précédent**

Cette semaine, quelle est votre priorité ? Hiérarchisez ce que vous devez faire en trois catégories : prioritaire, obligation, accessoire. Traitez les sujets entrant dans les deux premières, et oubliez sans état d'âme ceux de la dernière. Pas plus d'un sujet prioritaire par semaine et d'une obligation par jour !

**2. Inscrivez vos priorités et vos obligations dans votre agenda**

Avec si possible des créneaux horaires précis (suffisamment importants) attribués à chacune d'elles. Puis pensez à autre chose.

**3. Réduisez vos ambitions**

C'est la clé d'une certaine sérénité. À vouloir trop en faire, on s'épuise et on finit par craquer. Évaluez les charges de travail relatives à chacun de vos projets à la lueur de l'expérience, sans les sous-estimer, et refusez les tâches qui n'entrent pas dans votre planning.

**4. Visez un résultat acceptable et non la perfection**

D'après la loi 20/80 de Pareto, on sait que 20 % de nos actions (efforts ou temps) permettent d'atteindre en moyenne 80 % des nos résultats. Alors, pourquoi en faire plus ?

**5. Réservez du temps pour les imprévus**

Votre agenda ne doit pas être plein à craquer, vous ne pourrez pas tenir vos engagements et vous serez encore plus stressé. Reportez à plus tard ce qui est moins urgent et gardez 30 % de temps libre sur la semaine (au minimum cinq heures) pour les urgences.

**6. Gérez votre temps de communication**

Ne relevez vos mails que deux fois par jour et coupez votre portable à l'heure du déjeuner, pendant vos réunions ou lorsque vous traitez un dossier important. Ce sera autant de fatigue en moins !

**7. Gardez du temps pour vous**

Prévoyez chaque jour un créneau plaisir : déjeuner avec un ami, petite marche dans le parc, séance de sport, activité culturelle... Un minimum d'une demi-heure quotidienne prise sur votre temps libre (hors sommeil, travail, repas et transport).

**8. Prenez le temps de vous organiser**

Ce qui vous paraîtra une perte de temps dans l'immédiat va vous faire gagner en efficacité et en rapidité : classez vos dossiers, traitez tous vos mails à chaque fois, jetez ce qui est inutile, ne reportez pas à demain ce qui vous ennuie.

**9. Soyez transparent avec les autres**

Pour éviter d'être sans arrêt sollicité, vous avez intérêt à être le plus précis possible sur vos engagements : contenu, échéance et résultat attendu. Mais attention, une fois ces modalités fixées, il faut s'y tenir ! On vous laissera d'autant plus tranquille qu'on vous saura fidèle à votre parole. Alors pour gagner cette fiabilité, ne promettez pas la lune et entraînez-vous à dire non !

**10. Apprenez à déléguer**

C'est la clé de la réussite de tout bon manager. Il n'hésite pas à se dessaisir des activités qu'il ne peut plus assumer. Alors, plutôt que de crouler sous les tâches, apprenez à déléguer intelligemment et à assurer le suivi de cette délégation. Il y a peut-être quelqu'un qui s'en sortira bien mieux que vous !

**11. Chassez les pensées toxiques**

Éliminez les pensées négatives qui vous alimentent en stress : je suis nul, je n'y parviendrai jamais, ça n'arrive qu'à moi, etc. Au besoin, tenez un petit carnet quotidien de vos « succès » dans tous les domaines – petits et grands ! C'est souverain pour l'estime de soi.

**12. Rayez avec plaisir chaque activité menée à son terme dans votre agenda**

Et ajoutez puis rayez les impondérables auxquels vous avez dû faire face. Si une action s'est révélée plus longue que prévu, notez-le pour en tenir compte à l'avenir.

Bon courage !

## Exercice 3 : je joue le scénario catastrophe et j'en ris !

Pour renforcer sa détermination, il faut en finir une bonne fois pour toutes avec sa peur de l'échec. Et pour cela, rien ne vaut une bonne séance de réalisme ! Les scénaristes de film d'horreur savent depuis toujours que ce qui effraie le plus le spectateur n'est pas ce qu'il voit, mais ce qu'il imagine. Ah ! le pouvoir de la suggestion ! Dans la vie courante, il en est de même. Nos peurs se nourrissent de l'attente vague du pire. Nous redoutons ce que nous ne pouvons formuler clairement. Alors, ne vous voilez plus la face et affrontez directement (et avec le plus de détails précis possible) ce fameux échec qui vous tétanise. Vous découvrirez sans doute qu'il n'est en réalité… pas si terrible !

Cette méthode fonctionne sur le même principe que celle du « comme ci ». Elle permet de déprogrammer les peurs en évaluant plus justement les situations et en inventoriant les diverses issues qui sont à notre disposition.

***Mise en pratique :***

Choisissez un endroit calme et un moment où vous ne serez pas dérangé. Puis concentrez-vous sur la situation (le projet, l'événement) qui vous stresse le plus aujourd'hui, en imaginant qu'elle tourne mal. L'objectif est de vous laisser aller à l'ensemble des sensations, émotions et sentiments que vous éprouveriez dans ce cas, puis de relativiser, voire de trouver d'autres voies possibles.

1. En imaginant que la scène soit filmée, décrivez précisément les événements et ce que vous ressentez en les vivant.

2. Puis laissez votre imagination dériver vers le scénario catastrophe. Mais au lieu de n'avoir qu'une peur vague de l'échec, essayez de vous représenter exactement ce qui pourrait arriver de la façon la plus précise possible, en déroulant toutes les implications qui s'en suivraient. Notez-les.

3. Reprenez les conséquences une à une. Sont-elles aussi graves qu'il y paraît au premier abord ? Mettraient-elles vraiment vos projets, vos objectifs en danger ?

4. Rejouez le scénario catastrophe en essayant d'imaginer les parades que vous pourriez utiliser. Ne jugez pas de leur efficacité. Listez simplement les possibilités qui s'offrent à vous en prenant conscience qu'il est toujours possible de faire quelque chose.

5. Remémorez-vous des expériences similaires d'échec dans le passé. Ont-elles été aussi dramatiques que vous l'aviez cru sur le moment ? Sur la durée, l'erreur a beaucoup moins d'importance. La vie offre de multiples possibilités de rebondir.

6. Revenez à la réalité présente et prenez de la distance. Non, définitivement non ! Votre vie ne se joue pas sur un coup de dé !

**Exercice 4 : je soigne mon moral**

Il existe une corrélation nette entre notre humeur et notre estime de soi. En somme, tout ce qui nous met de bonne humeur booste notre estime de soi ; à l'inverse, tout ce qui nous contrarie a tendance à baisser notre capital confiance. Il est donc important d'apprendre à gérer ses émotions et à entretenir un climat moral positif pour conduire à bien ses projets. Bien sûr, il n'est pas possible d'éviter les coups de blues, ils font partie de notre vie. Mais on peut s'entraîner à les surmonter plus vite, pour ne pas laisser prise aux pensées négatives qui minent notre confiance en soi.

Pour cela, il existe toutes sortes de méthodes préconisées par les psychothérapeutes :

- la pratique régulière d'un sport
- la multiplication des rapports sociaux (éviter de rester seul quand on va mal)
- la pratique de la méditation

• la culture volontaire des émotions positives

Le plus efficace étant de pratiquer les quatre aussi souvent que possible !

***Mise en pratique :***

Le psychiatre Giovanni Fiava enseigne à ses patients une technique permettant de s'entraîner aux émotions positives : il a appelé cette méthode « les journaux du bonheur ». L'idée est de compiler par écrit les bons moments de la journée, afin d'augmenter son capital optimisme. En notant jour après jour les événements heureux, on relativise les contretemps et on apprend à préserver son équilibre émotionnel. C'est d'ailleurs le secret des optimistes, ils se souviennent plus volontiers de leurs réussites et oublient (ou minimisent) leurs échecs. Un exemple à suivre !

1. Commencez par acheter un carnet ou un cahier qui vous plaise vraiment. Choisir l'objet fait déjà partie du bonheur à venir.

2. Créez un rituel immuable pour prendre vos notes : assis confortablement devant une tasse de thé ou de café tous les soirs après le dîner ou le matin au petit déjeuner, par exemple.

3. Ne triez pas vos idées. Inscrivez systématiquement tout ce qui vous a apporté des satisfactions aussi infimes soient-elles dans les dernières vingt-quatre heures. Et ne vous découragez pas, les premiers jours vous ne saurez pas quoi écrire, avec l'habitude ce sera plus facile.

4. Ajoutez, si vous le souhaitez, des coupures de journaux, des photos, des citations d'auteur ou des tic-

kets de cinéma qui symbolisent une de vos joies de la journée.

5. Attribuez des notes (entre 1 et 10), au fur et à mesure, à chacun des petits événements compilés quotidiennement.

6. Désormais, lorsque votre moral plonge dangereusement, prenez quelques minutes pour relire les pages des jours précédents. C'est aussi efficace que de feuilleter des albums de vacances !

# Conclusion

Parfois, vous vous sentez encore frustré, voire agacé de ne pas réussir à défendre vos idées ou votre territoire, chez vous et au bureau. Rassurez-vous ! Rien de plus normal. La vie est pleine de petites contrariétés... mais aussi remplie de bonnes surprises ! Votre toute nouvelle confiance en soi va vous aider à voir les choses autrement, avec plus d'optimisme et de légèreté. N'ayez plus peur de vous tromper, désormais vous avez le droit de changer d'avis. Mais aussi de dire non et de fuir les fâcheux... En somme, vous êtes plus libre, vous êtes vous-même... C'est plutôt amusant et c'est enfin rassurant. Alors osez !

# Index

Bien-être

9981

Composition Nord Compo
Achevé d'imprimer en Espagne
par BLACK PRINT CPI (Barcelone)
le 6 mai 2012
Dépôt légal mai 2012
EAN 9782290042182

Éditions J'ai lu
87, quai Panhard-et-Levassor, 75013 Paris
*Diffusion France et étranger : Flammarion*